Philo-notions

Collection dirigée par Jean-Pierre Zarader

L'existence
la mort, le bonheur

Bernadette Delamarre

Agrégée de philosophie

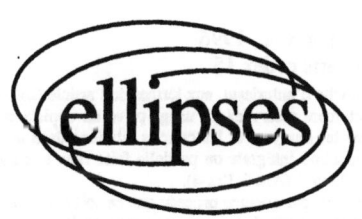

Dans la même collection

- *L'art*, François Warin
- *Autrui*, Bernadette Delamarre
- *Connaissance du vivant*, Marie-Rose Faure
- *Citoyenneté antique et citoyenneté moderne : la question de l'esclavage*, Robert Leg
- *La conscience – l'inconscient, le désir, les passions*, Jean-Paul Ferrand
- *La conscience, l'inconscient et le sujet*, Jean-Paul Ferrand
- *Le droit – la justice, la force*, René Lefebvre
- *Les droits de l'Homme et leurs critiques : égalité et différences*, Robert Legros
- *L'État – le pouvoir, la violence, la société*, Alain Lagarde
- *L'existence – la mort, le bonheur*, Bernadette Delamarre
- *L'histoire*, Jean-Claude Gens
- *L'imagination – le jugement, l'idée*, Bernard Lacorre
- *La justice*, René Lefebvre
- *Le langage*, Philippe Ducat
- *Le langage et la pensée*, François Cavallier
- *La liberté*, Joël Wilfert
- *La métaphysique*, par Marc Ballanfat
- *La morale – le devoir, la volonté, la personne*, Philippe Fontaine
- *La morale, le droit et la politique*, Olivier Dekens
- *Le mythe, la science et la philosophie*, Alain Lagarde
- *Nature et culture*, François Cavallier
- *Le pouvoir*, Alain Lagarde
- *La question de la souveraineté : droit naturel et contrat social*, Robert Legros
- *La religion*, François Cavallier
- *La représentation*, Anne-Claire Désesquelles
- *La révolution galiléenne : cosmos et univers*, Fabien Chareix
- *La science – les mathématiques, l'expérience, la logique*, Miguel Espinoza
- *Les sciences de la nature et les sciences de l'homme*, Philippe Huneman
- *La sensiblité – sensation et sentiment*, Carlos Tinoco
- *Le temps – la perception, l'espace, la mémoire*, Olivier Salazar-Ferrer
- *Le travail – les échanges, la technique*, François Cavallier
- *La vérité – l'irrationnel, le sens, la sagesse*, Fabrice Foubet
- *La volonté*, Philippe Fontaine
- *Le mythe, la science et la philosophie*, Alain Lagarde

ISBN 2-7298-9674-0
© Ellipses Édition Marketing S.A., 1996
32, rue Bargue 75740 Paris cedex 15

Le Code de la propriété intellectuelle n'autorisant, aux termes de l'article L.122-5.2° et 3°a), d'une part, que les " copies ou reproductions strictement réservées à l'usage privé du copiste et non destinées à une utilisation collective ", et d'autre part, que les analyses et les courtes citations dans un but d'exemple et d'illustration, " toute représentation ou reproduction intégrale ou partielle faite sans le consentement de l'auteur ou de ses ayants droit ou ayants cause est illicite " (Art. L.122-4).
Cette représentation ou reproduction, par quelque procédé que ce soit constituerait une contrefaçon sanctionnée par les articles L. 335-2 et suivants du Code de la propriété intellectuelle.

www.editions-ellipses.com

Sommaire

De l'existence à l'exister	4
L'existence et sa finitude : la mort	12
Bonheur et dépassement	19
La détermination du bonheur	25

Textes commentés

Épicure ■ La mort n'est rien pour nous	34
Aristote ■ La mort et le bonheur	36
Kant ■ La raison et le bonheur	38
Rousseau ■ Bonheur et imagination	40
Platon ■ Mort et délivrance	42

Dissertations

Exister, est-ce simplement vivre ?	46
Ni le soleil ni la mort ne se peuvent regarder en face	50
Faut-il vivre comme si nous ne devions jamais mourir ?	54
Quel est le sens de l'expression : « Il a tout pour être heureux » ?	57
Philosopher, est-ce apprendre à mourir ?	60

Glossaire 64

Index 64

De l'existence à l'exister

I – Existence et être

Le thème de l'existence semble apparaître initialement dans le cadre de deux problématiques différentes. D'une part, quand quelqu'un me parle d'un pays fabuleux comme Eldorado, ou qu'il me montre un tableau d'un homme, d'une femme ou d'un palais merveilleusement beaux, je me pose la question de savoir si cette contrée lointaine ou le modèle du peintre *existent* vraiment, et existent tels qu'ils me sont représentés. L'image et l'ouï-dire renvoient à des réalités qui ne sont pas directement et immédiatement présentes ; à leur sujet, c'est-à-dire au sujet de leur *existence*, je demeure dans l'incertitude. Mais qu'est-ce que l'existence de ces réalités ? L'existence s'attesterait pour moi dans le fait que je pourrais les *percevoir* et donc en avoir une expérience immédiate : elles seraient alors données à mon intuition, sous mes yeux. De même, quand le physicien s'interroge pour savoir si telle particule hypothétique *existe*, quand l'astronome se demande si dans notre système solaire il *existe* encore une planète au-delà de l'orbite de Pluton, ils n'en ont certes pas une représentation issue de l'imagination ou de l'ouï-dire, car la notion qu'ils s'en font est liée à une élaboration rationnelle fondée sur l'ensemble de leurs connaissances scientifiques ; néanmoins, lorsqu'ils posent la question de l'existence, ils recherchent en fait une *expérience* indiscutable et sans équivoque, qui pourra mettre en lumière, directement ou indirectement[1], l'existence des réalités qu'ils ne font pour l'instant que penser ou supposer.

D'autre part, quand un architecte dessine le plan d'un palais ou d'une église, quand un sculpteur se figure une statue, ces objets n'ont encore d'être que dans leur esprit, ou comme esquisse sur le papier. La statue ou le palais n'*existent* pas encore. En ce sens, exister, c'est être produit et réalisé, c'est être *fait*, et pas seulement *pensé*. Or l'art humain est précisément cette puissance de *faire exister* ce dont la forme est présente dans l'âme de

---

1. On peut en effet se demander ce que signifie l'existence d'une *force*, qui n'est pas une chose visible en elle-même comme un corps ou un objet matériel. Mais il suffit que celle-ci soit manifestée de façon non équivoque dans ses effets observables, un peu comme le magnétisme dans les figures que dessine la limaille de fer. D'où l'idée d'une existence établie indirectement dans la perception.

l'artisan. On comprend par là même le lien qui unit existence et matérialité : en effet, qu'est-ce qui distingue la table que je projetais de faire d'avec la table existante que j'ai devant moi ? C'est la massivité du bois que j'ai dû travailler pour la fabriquer : d'où l'idée que faire exister, produire, c'est *matérialiser*, et l'illusion, liée au dur travail d'information de la matière, que l'être de l'objet technique, et, par extension, des choses sensibles en général, consiste, comme exister, en leur matière.

Mais dans les deux cas, exister semble bien signifier être hors de la représentation (de l'imagination ou de l'intelligence), c'est-à-dire pouvoir être donné dans l'expérience ou la perception comme correspondant à la représentation que j'avais dans l'esprit. D'où ce paradoxe : c'est bien *le même* qui était représenté, pensé, et qui existe devant moi, et il existe conformément à ma représentation.

L'existence, c'est donc bien l'être hors de l'esprit. Mais s'agit-il uniquement d'un être donné à la perception ? Il faut en effet que la chose extérieure, Eldorado, modèle du portrait, palais ou statue, me soit donnée pour que j'en constate l'existence.

Il faut ajouter toutefois les deux remarques suivantes : en premier lieu, l'existence semble être la condition de la *vérité* de ma représentation. La description d'Eldorado serait vraie si Eldorado existait, un *vrai* portrait est un portrait de quelqu'un qui existe[1].

En second lieu, même si la chimère dont parle Descartes, cet animal fabuleux composé d'une tête de chèvre, d'un corps de lion et d'une queue de serpent[2], n'existe pas, c'est-à-dire ne peut se rencontrer dans aucune expérience, même si en général les choses que je me représente n'existent pas toujours *comme* je me les représente, il semble qu'il doive toujours y avoir *de l'existence* pour qu'une représentation même imaginaire soit possible. Ainsi la représentation de l'Eldorado suppose qu'il y ait des montagnes et de l'or, et la représentation de la chimère, qu'il y ait des chèvres, des serpents et des lions.

Or, par une sorte de régression, cette existence qui semble être la condition de possibilité de recomposition ou de combinaison effectuée par mon imagination devient une simple idéalité. Tant qu'il s'agissait seulement de savoir s'il existait hors de moi, et donc dans la nature, quelque chose de conforme à mes idées, l'existence était prise au sens d'existence *extérieure*.

---

[1]. Un faux Rembrandt peut être un vrai portrait, de même qu'un vrai Rembrandt peut être un faux portrait, le portrait d'un modèle qui n'existe pas.
[2]. Descartes, *Méditations*, « Première méditation », *Œuvres complètes* II, éd. Alquié, Garnier, p. 407.

Mais celle-ci va désormais être soumise à une double suspicion : d'une part, la perception comme moyen d'attester cette existence extérieure va se révéler douteuse comme le montre l'argument du rêve, car cette table et ce papier que je crois voir devant moi ne sont peut-être qu'en songe. D'autre part, l'existence indéterminée, la condition des combinaisons de mon imagination, va elle-même se réduire à n'être que la notion simple de l'étendue et de ses modifications dont s'occupent les géomètres, sans « se mettre beaucoup en peine si elles sont dans la nature ou si elles n'y sont pas[1] ».

Reprenons cette difficulté : on voit que si l'on abandonne l'existence de cela même que je me représente comme être déterminé (la chimère), pour dire qu'il y a un fonds général d'existence (ainsi l'existence des éléments dans une composition des animaux fabuleux par l'imagination), ce fonds d'existence lui-même va finir par se réduire à n'être qu'une « chose mentale », si bien que l'existence ne renverra plus à quelque chose d'extérieur et de déterminé dans la nature. Est-ce à dire que l'existence devient le pur synonyme de la vérité alors même qu'il ne s'agit plus que d'idéalités comme les nombres et les figures ? L'existence telle que nous l'entendons ordinairement n'interviendrait alors qu'avec la composition. En effet, l'analyse du réel existant, si elle ne parvient pas à un ultime existant *extérieur* (le simple comme atome), aboutit à un simple *intelligible*, celui des notions simples, dont la vérité n'a plus besoin de l'extériorité naturelle. Or il est significatif que Descartes ne renonce pas à l'existence proprement dite au profit de l'idéalité ; ainsi la vérité de l'intelligible ne se réduit pas à celle de simples axiomes ou de notions communes, elle est une vérité *de chose*. Descartes ne sépare pas l'existence et la vérité ; la vérité qui nous intéresse et dont nous sommes en quête est celle de l'existant. Ainsi, quand au début de la « Méditation seconde », il demande s'il reste quelque chose de véritable, seule une *existence* peut servir de réponse satisfaisante à la question : « Qu'y aura-t-il de vrai ? » Non point l'existence des choses extérieures, non point la vérité purement formelle des idéalités, mais *mon* existence : *je suis, j'existe*. Ou encore : *je suis une chose vraie et véritablement existante*. Descartes, s'inspirant d'Archimède, demandait un point qui fût « fixe et assuré » : ce point archimédique, ce n'est pas une certitude formelle qui pouvait le fournir, mais la vérité d'une existence[2].

---

1. Descartes, *Méditations*, « Première méditation », *Œuvres complètes* II, éd. Alquié, Garnier, p. 407. Ainsi, une couleur, par exemple ce rouge, avant d'être vrai parce qu'il est le rouge de cette rose *existante*, est vrai parce qu'il est vraie couleur sur ma palette.
2. *Ibid.*, « Méditation seconde », pp. 414-419.

Quant aux vérités éternelles, c'est-à-dire à ces idéalités vraies qui semblaient ne pas avoir besoin d'exister au sens de l'existence extérieure, Descartes en fait l'objet de la création divine, c'est-à-dire des essences qui sont comme des existences, puisque ce sont des *créatures* que font être la puissance et la volonté divines[1].

II – Essence et existence

S'agissant des choses, Aristote distinguait deux questions : on peut d'abord demander *si elles sont* ou bien *ce qu'elles sont*. Autre est la question de savoir s'il y a une éclipse, autre de savoir ce qu'est une éclipse. Sur cette distinction, la métaphysique a fondé l'opposition de l'essence et de l'existence. L'essence désigne tout ce qu'un être est par lui-même. Ainsi, Socrate est homme, animal raisonnable, mortel. Mais en même temps l'essence détermine tout ce qui appartient nécessairement à un être : il appartient donc à l'essence de Socrate d'être mortel, comme il appartient à l'essence du triangle que la somme de ses angles soit égale à deux droits. L'essence circonscrit donc le champ de ce qui peut être dit *nécessairement* d'un être quelconque. En ce sens, elle s'oppose aux circonstances et à l'accident. Socrate est mortel par essence, mais qu'il soit mort à Athènes en buvant la ciguë, événement que je ne peux apprendre que par l'expérience ou par l'histoire, cela n'appartient pas à son essence, mais relève de l'accidentel et du contingent. Or, dans la mesure où l'essence s'oppose à la fois à l'existence et à l'accident, s'annonce déjà le sens le plus contemporain de l'existence : l'être d'un être qui a son être dans la contingence.

Mais en même temps l'essence qui comprend tout ce que je puis penser *a priori*, indépendamment de l'expérience, en un être, définit cet être comme pensable, c'est-à-dire comme possible. L'essence, c'est donc la possibilité des choses. La difficulté est que l'essence désigne à la fois ce qu'une chose est par elle-même et en elle-même, sa teneur la plus intime par opposition à tout ce qui peut lui arriver de l'extérieur et en même temps ce que j'en saisis par la pensée, et par la pensée seule, tant que cette chose ne m'est pas donnée comme de l'extérieur par la perception. D'où le double sens de l'existence, selon l'ontologie classique : elle est représentée à la fois comme ce qui vient s'ajouter *à l'essence* prise comme possibilité interne de la chose, elle est le complément de la possibilité de la chose, mais en même

---

1. Descartes, *Lettres à Mersenne*, 1630, *Œuvres complètes* I, pp. 263-269.

temps, elle est ce qui vient s'ajouter *à ma représentation* de la chose et faire que celle-ci ne soit pas seulement dans ma pensée.

On comprend dès lors que la pensée n'ait cessé de se heurter à cette extériorité de l'existence. Comme le dit Spinoza : s'il existe un ou plusieurs hommes, cela ne tient pas à une nécessité de l'essence ou de la nature humaine mais à l'ordre général de la nature[1]. De même, si une chose existe, ce n'est pas la même pensée par laquelle je connais son essence qui me l'apprend, je dois chercher cette existence par la perception, et donc hors de ma pensée, dans le monde. D'où l'idée d'une existence qui, au contraire de celle des choses du monde, serait inscrite dans l'essence elle-même, et me serait donc connaissable par simple pensée, c'est-à-dire *a priori*. La nécessité de l'existence serait alors nécessité d'essence : « l'existence ne peut non plus être séparée de l'essence de Dieu, que de l'essence d'un triangle rectiligne, la grandeur de ces trois angles égaux à deux droits, ou bien de l'idée d'une montagne, l'idée d'une vallée[2] ». C'est l'argument ontologique, ainsi nommé par Kant, mais hérité de saint Anselme, et qui semble manifester cette exorbitante prétention de découvrir dans l'entendement lui-même, c'est-à-dire dans la pensée, la nécessité d'une existence hors de l'intellect et de la pensée.

Dans la mesure où c'est de l'essence de Dieu telle que je la connais (j'ai l'idée vraie et innée de Dieu en moi) que je conclus son existence, il semble, comme Descartes le remarque lui-même, que ma pensée entreprenne ainsi d'imposer sa nécessité aux choses. N'est-ce pas alors la nécessité toute subjective de ma conclusion que je prends pour la nécessité de Dieu ? Au contraire, répond Descartes, l'argument ontologique consiste en ce que ma pensée prend sur soi la nécessité des choses. C'est donc bien dans l'essence véritable de Dieu, et non dans ma pensée de cette essence, qu'est contenue l'existence.

C'est précisément sur ce point que va porter la critique kantienne de l'argument ontologique : l'existence, à savoir le fait que la chose est hors de mon concept et de ma représentation, ne peut être contenue dans l'essence ou le concept qui définissent ce qu'est la chose. L'existence n'est pas un prédicat réel. Autrement dit, si parfaite que soit ma connaissance de ce qu'est la chose, il me faut encore chercher hors du concept, et donc hors de la pensée, si la chose est et est telle que je la conçois. Par rapport à la pensée, l'existence est donc toujours extériorité, et sa vérité vient de

---

1. Spinoza, *Éthique* I, proposition VIII, scolie 2, éd. Appuhn, Vrin, pp. 31-33.
2. Descartes, « Méditation cinquième », *Œuvres complètes* II, p. 473.

l'extériorité. Si exister c'est être hors de la pensée, ce n'est précisément que du dehors, donc par la réceptivité de l'intuition, que je puis saisir une existence. L'existence d'une chose ne peut que m'être donnée[1].

III – *L'existence et l'existant*

Que puis-je savoir de Socrate en vertu de son essence ? Nous l'avons vu, qu'il est homme, animal raisonnable, mortel. Mais Néron l'est aussi. Selon l'essence, je ne connais donc pas Socrate en tant que tel, à la différence de Néron, mais Socrate en tant qu'homme, ou encore l'homme en lui, c'est-à-dire l'universel. L'individu Socrate, le singulier, semble donc se jouer hors de l'essence, dans ce qui, au regard de l'essence, est matière, nécessité extérieure et accident. Or, ce qui *m'intéresse* en Socrate, ce n'est pas qu'il soit mortel, c'est qu'il soit mort à Athènes après avoir été injustement condamné. De même, comme le dit Kierkegaard, ce qui nous *intéresse*, ce n'est pas que l'homme en général puisse pécher, c'est qu'Adam par une sorte de saut ait fait effectivement rentrer le péché dans le monde. En ce sens, l'existence ne peut être comme le complément ou le prolongement de l'essence, la mort n'ayant en ce cas d'autre sens que de confirmer la mortalité, le péché d'autre portée que d'actualiser la puissance de pécher inscrite dans l'essence. Au contraire l'existence est en vérité le lieu où se produit l'événement par lequel les êtres sont ce qu'ils sont. L'existence est donc la vérité de Socrate comme individu singulier ayant une histoire et un destin.

Certes, avec Leibniz, la pensée a cherché à réconcilier cette vérité de l'existence avec l'essence, en inscrivant dans l'essence où la notion complète tous les prédicats, y compris les prédicats historiques ou d'événement qui se peuvent affirmer véritablement d'un sujet. Ainsi, il appartient à l'essence vraie de César de franchir le Rubicon ou de mourir poignardé par Brutus[2]. L'essence de César n'est donc plus seulement générique (son humanité) mais aussi « historique », c'est-à-dire individuelle.

La tentative leibnizienne a pour sens de soumettre l'historicité, c'est-à-dire l'existence, à la raison. C'est en vertu de sa nature propre que César franchit le Rubicon, même si je ne l'apprends qu'*a posteriori* par l'histoire. On voit à quoi risque de conduire cet argument : à donner à mon existence une nécessité « géométrique » ou « métaphysique » qui supprime toute

---

1. Kant, *Critique de la raison pure*, *Œuvres complètes*, éd. Alquié, Pléiade, I, A 592-B 620 — A 602-B 631.
2. Leibniz, *Discours de métaphysique*, Vrin, 1988, §§ 8-13.

contingence et partant toute liberté. Leibniz ne cesse au contraire de vouloir concilier l'inhérence et la rationalité avec la contingence et la liberté. De plus, l'essence individuelle de César ou de Socrate me reste inconnue. Dieu seul peut savoir *a priori* ce qui va leur arriver. Mais quelles que soient les difficultés qu'elle soulève, la pensée de Leibniz manifeste l'enjeu qui est celui de l'existence : comment admettre en effet que la vérité de Socrate, l'originalité de son existence individuelle devraient, parce qu'elles sont hors de son essence générique, n'être qu'une somme d'instants épars et d'accidents, l'effet d'une multitude de rencontres et de circonstances extérieures ? Comment assurer l'unité à ce qui, au regard de l'essence, semble n'être que la sommation, la sédimentation de l'extériorité ? Ainsi, Don Juan est-il autre chose qu'une somme de rencontres et d'occasions ? Une existence de plaisirs n'est-elle pas une existence dispersée ?

Mais on voit, ne fût-ce qu'à l'aide des exemples de Leibniz, que l'extension de l'existence se restreint : ce qui compte, ce n'est plus l'existence d'une table ou d'une statue, mais celle de l'individu historique. On peut même dire que pour des êtres vivants inférieurs, leur existence n'est en fait que leur essence, car il n'y a rien de plus dans leur reproduction ou leur mort que dans leur différence sexuelle et dans leur mortalité. Pour un insecte, naître ou mourir ne sont pas des « événements », mais la simple actualisation de propriétés spécifiques. C'est parce que Socrate est un être d'histoire que sa mort fait événement, c'est-à-dire ne se réduit pas à sa mortalité. L'homme est alors *le seul existant* parce que c'est le seul être qui ait la puissance *de faire différer l'existence de l'essence* au point de la rendre irréductible à celle-ci.

Qui empêche que cette existence ne soit seulement une somme d'accidents ou de rencontres ? Si l'intériorité est celle de l'essence, l'existence n'est-elle pas pure extériorité ? En ce cas, l'existant en tant que tel serait sans aucune vérité. Il ne serait qu'une scène traversée par des événements qui ne lui appartiennent pas ; il serait le lieu où se réfléchissent tous les déterminismes extérieurs. Ce que nous apprend Kierkegaard, c'est la vérité de l'être existant : un être singulier face à Dieu. Dieu n'est pas seulement celui qui me connaît comme unité, c'est-à-dire comme personne ; il est celui dans le rapport auquel je joue mon être propre, mon salut ou ma vie éternelle. C'est face à Dieu que je prends conscience que quelque chose d'éternel se joue dans l'instant et qu'en chacun de mes actes il y va de mon être. Cette conscience anime ce qu'il ne faut pas nommer *existentialisme* mais philosophie de l'existence.

Par conséquent, exister c'est n'avoir pas un être qui nous soit assuré par la conformité à une quelconque essence ; c'est être confié à soi-même, et donc dans une certaine mesure être abandonné. Tel est le sentiment de la déréliction. Exister, c'est aussi avoir le sentiment d'être unité et individualité problématiques. Suis-je un seul et même homme ou un être que les circonstances et les passions rendent à chaque fois différent, une suite de personnages juchés les uns sur les autres, tels que les évoque Proust à la fin de la *Recherche du temps perdu*[1] ? Suis-je autre chose que la galerie de mes portraits passés ? D'autre part, est-ce à chaque fois bien moi qui agis ou qui parle, ou bien un « on » anonyme à travers moi ? C'est ainsi que la banalité devient une catégorie de l'existence.

L'unité de mon existence doit être à chaque instant conquise par ma volonté. Exister, c'est se vouloir. Ainsi, la pensée de l'éternel retour : « Veux-tu cela ? le reveux-tu ? une fois ? toujours ? à l'infini[2] ? », me permet-elle de forger l'unité de mon existence en la dépouillant de tout ce qui en elle serait purement de circonstance. Le maintenant que je vis supporterait-il l'éternité ? La volonté est volonté de soi sous la forme de l'éternité. Le temporel n'est plus seulement temporel, il ne peut plus être seulement de circonstance, puisque je dois pouvoir le vouloir à l'infini et pour l'éternité.

Se pose alors une dernière question : cette unité de l'existence a-t-elle une autre signification qu'esthétique ? Ne s'agit-il pas de donner à mon existence une parfaite représentation ? N'y a-t-il pas la volonté de faire de sa vie une œuvre d'art ? Hors Dieu, l'unité et la propriété de l'existence peuvent-elles se réaliser autrement que sur le modèle d'une œuvre d'art ?

---

1. Proust, *Le Temps retrouvé*, *Recherche*, IV, éd. Tadié, Pléiade, p. 625.
2. Nietzsche, *Le Gai Savoir*, § 341, éd. Colli Montinari, trad. Klossowski, p. 220.

L'existence et sa finitude : la mort

I – La contingence

L'existant a donc le sentiment que son être est privé d'essence, parce qu'il n'y a pas d'essence pour lui donner *a priori* le sens de son existence. Exister, ce n'est pas actualiser une essence, c'est avoir à être. Tel est le sens de la fameuse formule de Sartre : « l'existence précède l'essence ».

Selon la définition classique, la contingence, c'est la possibilité du contraire. En ce sens, elle affecte tout ce qui n'est pas l'être absolument nécessaire. Ainsi, selon Leibniz, l'existence du monde lui-même est contingente. Mais désormais, il ne s'agit pas de considérer un événement historique pour dire que César, par exemple, aurait pu ne pas franchir le Rubicon ; c'est l'existant lui-même qui se saisit comme contingent. Avant même d'agir, je saisis la contingence de ce que je vais faire, quoique je fasse. L'angoisse de l'existant provient de la conscience de cette contingence radicale, alors même que l'on n'est pas indifférent. Dès lors, l'absurde serait la conscience que la contingence radicale de mes choix, de mes actes, puisse aboutir à l'indifférence, à la radicale équivalence de tous mes choix. D'où la question qui reprend existentiellement la question de la métaphysique : « pourquoi y a-t-il de l'être plutôt que rien ? », et qui peut être ainsi formulée : « pourquoi faire ceci plutôt que cela ? », ou même, « pourquoi être ceci plutôt que cela ? »

Tant qu'il y avait une loi divine, il était contingent que j'obéisse ou non, puisque c'est librement que j'obéissais. En ce sens, même le scélérat ou le rebelle s'appuyait sur la norme du juste et du bien pour s'y opposer. Or, dans la contingence radicale, c'est cette norme même, ou ce modèle, qui viennent à me manquer. La morale ne peut plus se fonder sur une norme extérieure. C'est pourquoi la liberté de l'existant devient la conscience d'une radicale solitude. Même Don Juan, lorsqu'il défiait Dieu, n'était pas tout seul, puisqu'il avait Dieu à défier. Au contraire, celui qui n'a plus ni norme ni modèle est confronté à sa propre contingence dans le moindre de ses choix. L'existence est pure absurdité : que je choisisse d'être un saint ou un tyran, cela revient au même, puisque qu'il n'y a plus de topologie axiologique du monde. Cela aboutit à la forme la plus perverse et la plus nihiliste de la tentation, qui n'est plus alors une tentation par le désirable (comme devenir semblable à Dieu), mais par le simple *possible*. Dans l'impuissance radicale à justifier un acte en répondant à la question : « pourquoi ? », fût-ce par le plaisir ou la satisfaction égoïste, ma raison d'agir devient l'impuissance même où je suis de répondre à la question : « pourquoi pas ? » C'est la liberté elle-même, c'est-à-dire la pure possibilité de choisir, qui devient fardeau. On voit que la solitude de l'existant n'est plus seulement une solitude ontologique (le fait pour l'homme d'être privé de Dieu) mais une solitude « axiologique », ou relative au sens : il n'y a plus de sens extérieur. Comment dès lors éviter la conséquence nihiliste que l'on peut expliquer en faisant référence au principe de raison ? Leibniz lui-même dit que si ce monde n'était pas le meilleur, Dieu n'aurait eu aucune raison de le choisir ; or, semble-t-il, l'existant n'a aucune raison de choisir ceci plutôt que cela, de se choisir tel plutôt que tel. Donc, en l'absence de raisons, une liberté même absolue ne peut se déterminer. Si elle n'est pas en acte, c'est donc une liberté pour rien, ce n'est donc même pas une liberté. La liberté se trouve anéantie par l'équivalence même des possibilités. Ainsi la liberté ne trouve-t-elle plus comme sens que de devenir sa propre dérision (comme le manifestent certaines tendances de l'art contemporain, où le « pourquoi pas ? » tient lieu d'œuvre et de principe de l'œuvre).

Dès lors, pour échapper au vertige de cette indifférenciation et de cette équivalence, il me faut bien faire surgir de moi-même, c'est-à-dire de l'exister, une orientation qui seule donne un sens à ma vie. Le sens prend ici la double signification de ce qui me permet d'échapper à l'absurde et de direction. C'est la seule manière pour l'existant de faire preuve d'« authenticité ». Je ne sors de l'équivalence qu'en donnant comme sens à mon exister cette fidélité à la contingence radicale. C'est l'« authenticité » qui me donne un sens. S'il n'y a rien, ni Diable ni Dieu, il faut s'en tenir à ce savoir que nous sommes livrés à nous-mêmes. Comme le dit Goetz, « je resterai seul avec ce ciel vide au dessus de ma tête[1]. » C'est donc à l'homme et à l'homme seul, qu'il appartient de donner sens à l'existence. Il y a donc chez Sartre identité de la liberté et de la solitude. C'est dans la solitude absolue que je découvre que mon existence est liberté.

---

1. Sartre, *Le Diable et le bon Dieu*, onzième tableau, scène 2, éd. Gallimard, 1951, p. 282.

II – La mort

Seul le vivant est mortel. En dehors même de Dieu qui est un vivant immortel, la biologie nous apprend que les animaux unicellulaires qui se reproduisent par scissiparité, telle l'amibe, sont potentiellement immortels. En ce sens, la mort est inséparable de la différence sexuelle en vertu de laquelle les êtres vivants donnent naissance à d'autres êtres *différents* d'eux. Mais il y a un paradoxe : comment la mort peut-elle survenir à un être dont les forces consistent à poser la vie et à affirmer la vie, qui tend à persévérer dans son être ?

D'une part, en ce qui concerne le *conatus* de tout vivant, sa tendance à persévérer dans son être pour une durée indéfinie, la mort semble être pure extériorité. Elle consiste à être vaincu par la puissance des causes extérieures. L'extériorité de la mort résulte du fait qu'aucun être ne peut contenir en lui la nécessité de son propre terme, c'est-à-dire de son propre néant.

D'autre part, les causes *extérieures* de la mort du vivant semblent n'être qu'*occasionnelles*. Tout vivant en tant que tel porte *en soi* le germe de sa mort. De même, chez les atomistes, tout vivant en tant qu'il est composé d'atomes et de vide comporte en lui comme vide interne la possibilité de l'émiettement, de l'effritement et de la dissolution. La mort n'est alors que l'ultime actualité du néant que chaque être vivant porte en lui.

Toute vie peut être alors considérée comme le long détour par lequel le vivant parvient à l'apaisement des tensions, au repos, c'est-à-dire à sa propre mort. De ce point de vue, la mort n'est pas la fin de la vie mais la vie est l'histoire de la mort, et ce jusque dans la détente procurée par le plaisir, « petite mort » qui anticipe la grande.

Quelle est alors la différence entre la mort du vivant et la mort de l'existant, c'est-à-dire de l'homme ? C'est bien en tant que vivant, c'est-à-dire qu'animal que l'homme meurt. Mais seul l'homme *sait* qu'il est mortel. Ce savoir implique une anticipation : je ne suis pas un être instantané, mais j'anticipe un avenir où je ne serai plus. Le savoir de la mort renvoie donc à la conscience qu'il y a un avenir, et qu'il y aura donc un présent où je ne serai plus.

Comment l'homme en sa vie est-il affecté par ce savoir d'une mort non encore advenue ? C'est le thème de la crainte de la mort. Il consiste à dire qu'avant l'événement de la mort, la mort n'a de réalité pour moi, c'est-à-dire n'affecte ma vie, que dans la crainte que j'en ai. Se délivrer de la crainte de la mort, c'est par là même se délivrer de toute la puissance que la mort a sur moi. Cela suppose deux choses : d'une part, que le vrai savoir, le savoir *physique* de la mort, ne suscite pas mais au contraire dissipe la crainte de la mort. D'autre part, que je ne peux jamais pâtir de ma mort, puisque je ne la rencontre jamais et ne coïncide jamais avec elle. Ou bien je suis, auquel cas, la mort n'est pas là ; ou bien la mort est là, auquel cas je ne suis plus là pour en souffrir. Il est donc absurde de craindre ce dont l'on ne peut pâtir. Ainsi, la morale épicurienne consiste-t-elle à *mimer* la vérité que m'apprend la physique : de même que l'atome est ce plein d'être dans lequel il n'y a aucun vide, le néant comme vide étant en dehors de l'être, de même, je dois vivre en rejetant la mort hors de ma vie, c'est-à-dire en l'empêchant de venir hanter ma vie. Cela implique donc que l'on puisse rejeter le néant hors des limites de l'être.

A cela s'oppose l'idée de la vie comme *agonie* : la mort habite la vie elle-même. L'ambiguïté est la suivante : il semble que le simple savoir de la mort comme événement à venir ne soit pas suffisant pour caractériser la différence entre la mort de l'homme et celle de l'animal. Si la mort de l'homme diffère de celle de l'animal, ce n'est pas seulement parce que la mort est *sue*. La mort en effet n'est pas seulement l'objet d'un savoir ou d'une anticipation. Elle appartient à la constitution ontologique de l'homme. L'homme serait ainsi, comme le dit Heidegger, un « être-pour-la-mort ». La mort n'est pas seulement le terme de la vie ; elle lui est coextensive.

Le paradoxe est qu'au contraire du vivant la conscience ne peut se représenter la mort à venir qu'en se détachant de la pure fluidité du temps. Une conscience purement instantanée coulerait avec le temps et ne pourrait donc se représenter la mort. Même si la conscience simplement vivante peut anticiper et se projeter dans l'avenir, c'est toujours à partir de désirs, d'espoirs et de craintes qui sont donnés dans la vie même. La vie porte toujours en elle l'anticipation de la vie : quand je vois un fruit, j'anticipe le plaisir que j'aurai à le manger. Or, l'anticipation de la mort n'est qu'en apparence une simple extension temporelle de l'anticipation de la vie à venir. La conscience de la mort me détache et m'affranchit de tout horizon d'anticipation propre à la vie. Le vivant ne pose pas sa propre mort. Ainsi, la vie est anticipation de la vie pour une durée indéfinie ; si bien que la conscience de la mort semble m'affranchir de la temporalité de la vie. C'est ce que manifeste l'angoisse de la mort qu'il faut se garder de confondre avec la peur de mourir. Dans la peur de mourir, j'ai peur de la mort comme de l'événement à venir qui mettra un terme à ma vie. Tandis que dans l'angoisse de la mort, la conscience s'insurge maintenant contre un néant qui lui est présent et qui est néant de la conscience, et non terme d'une vie. Maintenant, j'éprouve qu'il y aura un maintenant qui ne sera pas *mon* maintenant, et qui sera sans moi.

Mais si la conscience pure de soi consiste à avoir conscience d'être un et le même en différents temps, cela n'est possible que parce que le temps est d'une certaine manière en moi (pour ma conscience) et que je ne suis pas seulement comme une chose dans le temps. Mais si le temps est pour moi ou pour ma conscience, ou même s'il est comme le dit saint Augustin, une distension de l'âme, comment la conscience pourrait-elle s'anéantir dans ce qui n'est pourtant qu'en elle ou pour elle ? Si le temps n'est que la forme de mon sens interne, comment puis-je penser l'événement de ma disparition dans ce qui n'est que cette forme ? Si le temps n'est pas hors de moi, comment la mort peut-elle m'affecter de l'extérieur ? La conscience de la mort n'est possible que parce que j'ai une conscience du temps que n'a pas le vivant. Or cette conscience manifeste mon indépendance par rapport au temps puisque je ne suis plus seulement dans le temps, soumis au temps. Mais c'est précisément cette indépendance qui rend la mort impensable.

III – Mort et immortalité

Au regard de la conscience, la mort est donc la plus redoutable et la plus scandaleuse irréalité. On comprend dès lors que la pensée ait cherché à enlever toute réalité à la mort c'est-à-dire à en faire un événement qui n'affecte en rien l'être de mon être pensant.

C'est ainsi que s'expliquent toutes les représentations de la mort comme séparation de l'âme d'avec le corps. L'âme en elle-même est immortelle, et la mort n'est que la dissolution des liens qui l'unissent au corps. La mort apparaît comme une délivrance. Par conséquent, la souffrance de la mort ne tient pas au fait que je suis affecté dans mon être véritable, mais à l'attachement que mon âme a conçu pour mon corps. Ce n'est pas une souffrance d'anéantissement : je ne recule pas devant le néant mais devant une séparation et un départ. De même, chez Leibniz, la mort n'est rien qui affecte l'être de la substance puisque toute substance est impérissable. Elle n'est qu'un assoupissement ou un étourdissement plus prononcé. En ce sens, l'immortalité correspond à un principe de substance. La conscience renverrait à une substance pensante ou une âme dont les liens avec le corps pourraient être défaits sans que cette substance soit entamée. C'est ce que montre Kant *a contrario* quand il établit dans les « Paralogismes de la raison pure » que le seul intérêt que puisse avoir la raison quand elle tente de prouver la substantialité est de parvenir à démontrer par là même l'immortalité.

Mais c'est dans le temps limité de la vie, ici et maintenant, que se joue l'immortalité. Même pour celui qui croit en la vie éternelle, c'est en cette vie et en cette vie seulement que je puis déterminer mon sort au-delà de cette vie. Pour Pascal, le pari est un pari que je dois faire en cette vie. Après, il sera trop tard. Ceux qui admettent l'immortalité de l'âme, son existence au-delà de la mort, sont renvoyés à cette difficulté que l'exister proprement dit, le fait d'être confié à soi-même et de se choisir soi-même ne peut avoir lieu qu'en cette vie. Don Juan subsiste assez pour connaître la damnation éternelle ; cependant l'heure de la mort est l'heure ultime au-delà de laquelle il n'est plus temps de changer de vie. « E tempo piu non e » : il n'est plus temps de se repentir, il n'est plus temps d'être sauvé. Le paradoxe est que l'âme pensante immortelle semble conserver après la mort non pas une liberté, puisqu'il est trop tard pour changer, mais une sensibilité pour subir le châtiment de ses fautes. La mort ne serait pas la fin de la sensibilité mais la fin de la liberté. Mais c'est précisément pour éviter que la liberté ne s'exerce uniquement pendant la vie, et donc que l'existence temporelle ne décide à elle seule de l'existence éternelle, que Platon par le mythe d'Er[1], et Kant, par l'idée du choix de la maxime suprême de mes actions, mettent l'acte de la liberté hors du temps de la vie, et même, comme le dit Kant, avant tout temps.

C'est ce qui explique que la mort fasse le sérieux de la vie. Au moment de la mort, s'arrête et se fixe à jamais la figure que je puis donner à mon existence. La mort fait qu'il n'est plus possible de revenir en arrière, elle transforme le contingent en nécessaire et l'accidentel en essence. La vraie figure d'un être n'est pas sa figure temporelle : c'est ainsi que l'on comprend le mot de Mallarmé : « Tel qu'en lui-même enfin l'éternité le change ». Il semble alors que ce soit l'instant de la mort qui décide en fait de toute la vie ; la mort est la puissance décisive. C'est ce que remarquait Aristote à propos du bonheur. En effet, si la mort fait le sérieux de la vie, cela ne signifie-t-il pas du même coup que la perfection de la vie et son achèvement, le bien-vivre, c'est-à-dire le bonheur, ne soient suspendus à l'instant de la mort et n'aient même qu'en lui leur réalité ? D'où la volonté de reconquérir le bonheur pour la vie, d'en faire une réalité dans le présent de la vie, sans considération du terme et de la mort, ou même de

---

1. Platon. *République* X, 614 b-621 d, Budé, éd. Les Belles Lettres, 1959.

l'immortalité. Comme le disait Pindare : « O mon âme, n'aspire pas à la vie immortelle, mais épuise le champ du possible[1] ! ». Si l'homme ne veut pas être heureux seulement au moment de sa mort, si le bonheur dans la vie ne doit pas être toujours un état provisoire en instance de confirmation, il faut que l'homme puisse être heureux dans le maintenant, et sans rapport à la durée.

---

1. Pindare, *Pythiques*, III, 61-62, Collection des Universités de France (G. Budé), éd. Les Belles Lettres, 1961.

Bonheur et dépassement

I – Le paradoxe du bonheur : bonheur et irréalité

Lorsqu'il s'agit des vertus, le courage, la justice, la libéralité, il semble possible de distinguer l'être de l'apparaître, et de considérer l'apparence comme une économie de peine au regard de la réalité : ne me suffirait-il pas d'avoir l'apparence de la vertu, de la feindre au lieu de travailler péniblement à l'acquérir ? Mais, tel le faux-monnayeur, qui veut obtenir des objets précieux véritables en échange de ses pièces contrefaites, et rend ainsi hommage à la vérité en ne se servant du faux que comme d'un moyen, l'homme ne se fait fraudeur en vertus que pour obtenir de vrais biens, ou ceux qu'il croit être tels. Il semble donc que pour le bonheur comme pour le bien, l'apparence ne me suffise pas. La suffisance de l'apparence n'a de sens que comme ruse et détour pour obtenir à moindres frais un bien véritable, autrement dit parce que l'on croit que la vertu n'est pas le vrai bien, mais seulement un moyen. Beaucoup s'accommoderaient de feindre la vertu pour en retirer quelque réel avantage, mais personne ne se contente de l'apparence du bonheur. Tartuffe feint la dévotion, mais pour faire, du moins le croit-il, son vrai bonheur. Que vaut un bonheur que je n'éprouve pas réellement ? Un bonheur apparent semble ne pas avoir de sens. La réalité du bonheur consisterait alors dans la jouissance — réelle — d'un bien réel. L'irréalité est de l'ordre des moyens, où il s'agit de duper, et non de l'ordre des fins, où chacun veut être heureux pour soi.

D'où l'idée d'un bonheur sans grimace : la grimace est pour la médiation, et même pour la médiation par autrui. Il s'agit d'ailleurs d'un bonheur qui n'intéresse que celui qui en jouit, ou ceux qui en jouissent, sans aucun éclat, sans aucune manifestation extérieure. Le bonheur semble être quelque chose de purement privé. « Madame de Beauséant et Monsieur de Nueil demeurèrent pendant trois années dans la villa située sur le lac de Genève [...]. Ils y restèrent seuls, sans voir personne, sans faire parler d'eux, se promenant en bateau, se levant tard, enfin heureux comme nous rêvons tous de l'être[1]. » Un tel bonheur fait le désespoir du

---

1. Balzac, *La Femme abandonnée*, *Œuvres complètes* II, Pléiade, 1951, p. 234.

romancier : il ne peut le présenter, le figurer, il peut seulement faire appel, pour l'évoquer, à l'imagination qui est en chacun de nous. Il n'y a rien à en voir, il n'y a rien à en dire. Le vrai bonheur n'excite pas l'envie parce qu'il n'est pas assez manifeste et éclatant, parce qu'il ne peut être perçu, deviné que par des âmes déjà fraternelles, qui en ont la nostalgie.

Le vrai bonheur se reconnaît à ce qu'il cherche à éviter l'envie. C'est ce que signifie le proverbe : pour vivre heureux, vivons cachés. Il faut se garder de l'*hybris* dans le bonheur, et vivre un bonheur sans triomphe. Voilà donc le paradoxe : on concevrait bien que certains hommes affectent de posséder les vertus comme moyens de parvenir à un bonheur véritable, un peu comme le faux-monnayeur veut obtenir de vrais biens en échange de ses contrefaçons. L'apparence relèverait alors d'une économie d'efforts, d'une technique de la moindre peine. Platon leur objecte qu'on ne saurait ainsi cantonner l'apparence au rang de simple moyen : l'apparence de vertu ne donne qu'une apparence de bonheur, et donc on perd le vrai bien, le sens du vrai bien en se contentant de l'apparence de la justice. De même pour Rousseau, l'homme corrompu par l'amour-propre n'a de bonheur qu'hors de soi, il ne possède que les signes d'un bonheur dont la signification ne gît que dans l'extériorité (envie des autres, gloire, réputation).

Comment comprendre alors que l'homme semble toujours soucieux non seulement d'être heureux, mais d'être reconnu tel ? Il en va du bonheur comme d'un tableau dont le possesseur ne s'estime content que si un expert lui en a certifié l'authenticité. Pourquoi l'homme heureux éprouve-t-il le besoin de voir son bonheur authentifié par autrui ?

Mais comment s'opère cette authentification ? Je ne prends pas autrui comme juge ou expert, comme celui qui s'y connaît assez en bonheur pour me déclarer heureux à juste titre, je me contente de percevoir l'envie. Comme si l'envie d'autrui n'était pas une conséquence du bonheur, que je chercherais à éviter par prudence, mais comme une de ses conditions inavouées. Comme si l'homme n'était jamais assuré d'être heureux, mais voulait acquérir la certitude de son bonheur dans le regard envieux des autres : il m'envie, donc je suis heureux.

Si bien que le bonheur n'est plus possession et jouissance d'un objet, mais perception et jouissance de l'envie d'autrui : l'on donc voit surgir des bonheurs causés indirectement par des objets dont il me serait impossible de jouir directement, qui sont en eux-mêmes indifférents, médiocres et insignifiants. Comme le dit Rousseau : « Le sauvage vit en lui-même ; l'homme sociable toujours hors de lui ne sait vivre que dans l'opinion des autres, et c'est, pour ainsi dire, de leur seul jugement qu'il tire le sentiment de sa propre existence[1] ». De même, « si l'on voit une poignée de puissants et de riches au faîte des grandeurs et de la fortune, tandis que la foule rampe dans l'obscurité et dans la misère c'est que les premiers n'estiment les choses dont ils jouissent qu'autant que les autres en sont privés, et que, sans changer d'état, ils cesseraient d'être heureux, si le peuple cessait d'être misérable[2] ». L'envie a donc la propriété de multiplier les occasions du bonheur : que je sois las et fourbu de rouler carrosse, l'envie des passants m'en ravive le bonheur. Aussi le bonheur des uns a-t-il au sens strict le malheur des autres comme matériau, et non seulement comme condition de fait. Ce n'est donc pas seulement pour des raisons économiques que le bonheur des uns aurait le malheur des autres pour condition, en raison d'une dialectique de la rareté et de l'appropriation, auquel cas un progrès des forces productives pourrait augmenter le nombre des heureux sans que les premiers le fussent moins ; c'est pour des raisons spéculatives. Mais, de même que l'on a pu voir mourir de chagrin des courtisans privés du bougeoir ou de la présence du roi, de même, il semble indiscutable que le bonheur aliéné soit en un sens un vrai bonheur. La difficulté peut s'énoncer ainsi : comment le bonheur peut-il être fait, composé d'irréalité ? Il ne s'agit pas seulement d'un homme qui, pour éviter pitié ou dérision, voudrait donner l'image de son bonheur aux autres, afin, comme on dit, de sauver les apparences ; il s'agit d'une apparence de bonheur pour soi qui passe par le regard d'autrui. A me voir comme je crois qu'autrui me voit, il me semble que je suis heureux. Le fait qu'il soit fondé sur l'irréalité suffit-il à le disqualifier comme bonheur ?

Ce bonheur affecté d'irréalité, il est facile de le dénoncer comme un bonheur illusoire, tant il paraît scandaleux qu'en un tel bonheur je puisse, à la lettre, jouir de rien. Le bougeoir du courtisan ne lui donne aucun plaisir des sens dans la sensation. C'est le contraire du gourmand ou du libidineux.

Il semble alors que le bonheur se ramène au vrai plaisir qui consiste en cette immédiateté sensible, dans le retour à soi, délivré de la présence d'autrui. On comprend que face à un bonheur qui repose exclusivement sur l'image, la représentation, et qui relève par conséquent de l'extériorité, on puisse avoir la nostalgie d'un bonheur plein, vu comme un bonheur tout entier sensible. Ce serait le bonheur des gens « simples » opposé au bonheur artificiel parce qu'irréel de ceux qui vivent dans l'opinion des autres.

---
1. *Discours sur l'origine de l'inégalité*, *Œuvres complètes* III, Pléiade, p. 193.
2. *Ibid.*, p. 189.

II – *Bonheur et plaisir*

Mais on peut se demander si le bonheur sensible lui-même réalise effectivement cette plénitude qu'il a dans la nostalgie de l'homme civilisé qui est las de ne vivre que dans le regard d'autrui.

Or celui qui éprouve la nostalgie du bonheur sensible le voit délivré de toute irréalité, de tout manque dès lors qu'il est délivré de toute apparence et de tout regard. Il va donc de soi pour lui que le pur plaisir, le plaisir sensible immédiat est la matière même du bonheur. Mais le passage du plaisir au bonheur ne va pas de soi. Le bonheur n'est pas seulement une *somme* de plaisirs, dont je n'aurais qu'à effectuer l'addition. Car si le bonheur ne va pas sans le plaisir, sans la satisfaction du besoin, du désir et du penchant, le plaisir sensible semble cependant lié aux intermittences du besoin et du désir. Il n'y a de plaisir que s'il y eu désir et donc privation ; le plaisir est même d'autant plus grand qu'il succède à un désir plus intense, et donc à une privation plus insupportable. Il faut avoir beaucoup souffert de la soif pour éprouver du plaisir à la moindre gorgée d'eau. C'est la souffrance qui est donc la condition du plaisir. Non seulement le plaisir singulier semble n'avoir en lui-même qu'un être de contraste, mais, à cause de l'accoutumance, le second de deux plaisirs successifs ne semblera être un plaisir que parce qu'il excède en quelque sorte le plaisir précédent. Le plaisir relève donc de l'indéfini. Alors le bonheur semblerait se composer de plaisirs multiples, et n'être que le retour indéfini de l'alternance des désirs et des plaisirs. Le retour accéléré du désir et du plaisir, du vide et de la réplétion aboutit à la pathologie du désir, et le bonheur n'est plus alors un état véritablement permanent, mais la simple précipitation du devenir, où la frénésie de l'incessante répétition se substitue au permanent.

Or, même s'il croit qu'il veut des plaisirs, tous les plaisirs, celui qui veut le bonheur ne veut pas simplement un plaisir instantané, mais la durée, la continuité, la stabilité ; aucun bonheur ne peut être habité par la menace de sa propre disparition. Comment est-il possible de jouir d'un état permanent en jouissant à chaque instant d'une satisfaction éphémère, et en quel temps chacun pourrait-il goûter une satisfaction qui déborde le présent ?

On voit donc que l'irréalité du bonheur ne naît pas seulement dans la société de la médiation du regard de l'autre, il n'est pas seulement irréel parce qu'on n'en jouit que dans l'opinion et l'envie des autres. Il est irréel aussi parce que sensible, parce que consistant dans des plaisirs sensibles qui eux-mêmes ne sont pas purement réels, et obéissent à la logique du contraste. Le plaisir social n'est tel que s'il se détache sur la souffrance et sur l'envie d'autrui, le plaisir sensible en son immédiateté même semble n'être tel que parce qu'il succède et s'oppose à la souffrance du manque qu'il présuppose. C'est donc la même logique du contraste que l'on retrouve dans l'envie et dans le plaisir sensible.

La question s'inverse donc. On ne se demande plus comme Rousseau pourquoi l'homme a quitté la plénitude de son être immédiat pour se convertir à l'extériorité, mais pourquoi, sentant l'irréalité du bonheur purement sensible, il la redouble dans la conversion à l'altérité. C'est qu'il cherche dans la seconde irréalité (être heureux pour et par le regard d'autrui) comme un remède à la première (le manque d'unité du bonheur purement sensible pour un conscience qui a conscience du temps).

Le bonheur sensible n'aurait d'unité, et donc de réalité que pour une conscience instantanée, qui n'a donc pas conscience du temps. Contrairement à ce que dit Rousseau, il n'y a pas de bonheur à l'état de nature, bien qu'il ne s'y manifeste aucun manque, bien qu'il y ait à chaque fois adéquation entre mes désirs et le pouvoir que j'ai de les satisfaire. Le bonheur à l'état de nature est un bonheur *pour nous*, c'est-à-dire un bonheur pour la nostalgie.

En effet, c'est dans le regard de l'autre que je cherche l'unité imaginaire d'un bonheur qui n'a pas d'être complet en lui-même, sinon dans l'inconscience de l'état de nature.

III – Bonheur et totalité

Le bonheur rencontre donc une double difficulté : d'une part, il veut la jouissance, mais il ne se nourrit que d'irréalité et de représentation, d'autre part, il veut la continuité, la stabilité — aucun bonheur ne supporte l'idée de sa fragilité — mais en voulant la stabilité, il s'expérimente comme une exigence indéfinie puisque soit il est sans cesse en quête de reconnaissance, soit il est indéfiniment en quête de jouissance. Dans un cas, il est soumis à l'élément de l'extériorité, asservi à la présence et au regard d'autrui, dans l'autre, il est soumis à l'alternance des désirs et des plaisirs.

Apparaît alors par contraste la notion d'un bonheur sans plaisir, ou d'un bonheur fondé sur la restriction, la limitation des plaisirs et des désirs. La stabilité du bonheur même sensible se conquiert *contre* le jeu indéfiniment accéléré du désir et du plaisir. Ce qui est visé, c'est l'absence de trouble, la sérénité, l'égalité de l'âme : un présent sensible qui se prolonge sans rupture et sans événements. *Les peuples heureux n'ont pas d'histoire*. En ce sens, dans le calme, j'éprouve bien dans le présent un état qui dépasse le présent, mais seulement parce que le présent est comme indifférencié d'avec le passé et l'avenir : sans la tension du désir, le présent devient comme un état, parce qu'il semble faire un, sans césure, avec la totalité du temps. « Et comment peut-on appeler bonheur un état fugitif qui nous laisse encore le cœur inquiet et vide, qui nous fait regretter quelque chose avant, ou désirer encore quelque chose après ? Mais s'il est un état où l'âme trouve une assiette assez solide pour s'y reposer tout entière et rassembler là tout son être, sans avoir besoin de rappeler le passé ni d'enjamber sur l'avenir, où le temps ne soit rien pour elle, où le présent dure toujours sans néanmoins marquer sa durée et sans aucune trace de succession[1]... ».

Mais si le bonheur doit être cet état permanent, sa véritable permanence, et donc sa vérité ne seront effectives que rapportées à la totalité d'une vie. Le bonheur que j'éprouvais dans l'instant n'était pas la véritable durée, mais seulement la postulation de la durée. Il n'y aura alors qu'un seul instant où le bonheur puisse être accompli, ce sera celui d'où l'on peut embrasser la totalité d'une existence, et donc l'instant de la mort[2]. En ce sens, le bonheur n'est plus immédiat, il n'est éprouvé qu'en tant qu'il fait l'objet d'un jugement, il n'existe qu'au terme d'un bilan, il ne se forme que pour un regard rétrospectif : je ne suis heureux que si je puis me dire heureux, mais je ne me dis heureux qu'en disant : « j'ai vécu ». Or si le bonheur ne se constitue que pour le regard qui embrasse la totalité d'une vie, il achève ainsi de se détacher de l'immédiateté de la jouissance, au point qu'il n'est même plus besoin que le bonheur d'un homme soit réellement connu et expérimenté par lui : il n'y aura plus dès lors de bonheur que pour les poètes : « Heureux qui comme Ulysse... ». Par conséquent, nul ne peut donc aspirer qu'à être *dit* heureux sans jamais jouir du bonheur, ou encore son seul bonheur consistera dans l'anticipation de la rétrospection (c'est-à-dire du *dernier* instant) ou du jugement des poètes.

D'où un paradoxe du bonheur : ou bien je m'attache au pur présent en me disant advienne que pourra, c'est-à-dire que j'essaie à chaque fois de dérober des fragments de bonheur au temps, ou bien je calcule les conséquences, j'ai le souci de la durée, et je me condamne à construire un bonheur qui ne sera réel que quand je ne serai plus présent pour en jouir.

---

1. Rousseau, *Rêveries du promeneur solitaire*, *Œuvres complètes* I, Pléiade, « Cinquième promenade », p. 1046.
2. C'est la parole de Solon : nul ne peut être dit heureux qu'au moment de sa mort (cf. *Éthique à Nicomaque*, I, 11, 1100 a 10 *sqq.*).

La détermination du bonheur

I – L'idéal de l'imagination

Il y a encore une aliénation supplémentaire, celle de l'imagination. Je suis à moi-même incertain de ce qu'est le bonheur, il me semble seulement que je serais heureux si j'étais comme ceux que j'envie. Le bonheur est toujours quelque chose que j'imagine.

Mais l'imagination n'est pas seulement la puissance de me représenter ce qui n'est pas présent, ce qui n'est pas encore réalisé, elle est aussi la puissance qui sépare et détache, qui me fait me représenter une chose en l'absence de ses conditions et des limitations qui lui sont inhérentes. Si j'envie le bonheur du tyran, qui peut assouvir ses caprices à son gré, c'est que je ne me représente pas ses terreurs, si j'envie le sort de l'athlète vainqueur aux jeux, c'est que je le vois au moment du succès et de la gloire. « Tu veux vaincre aux jeux olympiques ? Moi aussi, par les dieux ; car c'est bien séduisant. Mais examine les antécédents et les conséquents, et alors seulement attache-toi à l'entreprise. Tu dois te discipliner, te nourrir à contre-cœur, t'abstenir de friandises, te plier à un entraînement forcé [...] puis, dans le combat, éventuellement te démettre une main, te tourner une cheville, avaler force poussière, recevoir le fouet à l'occasion, pour enfin essuyer une défaite. Pèse ces considérations, et, si tu le veux encore, aborde le métier d'athlète[1] ». En vérité, je désire et même je choisis toute une vie seulement sur l'aspect isolé que je vois ou que je considère : tel est l'effet de l'imagination. Au contraire la *raison* me fera prendre conscience de la solidarité des plaisirs et des terreurs du tyran, qui, tel Ranuce-Ernest dans la *Chartreuse de Parme*, regarde chaque soir sous son lit avant de s'endormir, tant il a peur qu'un assassin n'y soit caché. C'est « le paquet ». Car « celui qui a choisi ambition n'a pas cru choisir basse flatterie, envie, injustice ; mais c'était dans le paquet[2] ».

Le bonheur est idéal de l'imagination. Or l'imagination est la puissance qui combine et compose sans avoir égard à la compossibilité de ce qu'elle réunit. La difficulté vient du fait que le bonheur relève à la fois de la

---

1. Épictète, *Manuel*, XXIX, « Les stoïciens », Pléiade.
2. Alain, *Propos sur le bonheur*, « Dans la grande prairie », Gallimard, p. 97.

sensibilité, de l'imagination, mais aussi de la faculté de l'inconditionné. En effet, quand je compose (imagination) les satisfactions liées à mes penchants (sensibilité), je me représente dans la notion de bonheur à la fois une *totalité* et un *maximum* de la satisfaction : par conséquent, cette notion ne peut pas dériver empiriquement de la seule sensibilité même aidée de l'imagination : « Le concept du bonheur n'est pas un concept que l'homme abstrait en quelque sorte de ses instincts, et qu'il emprunte ainsi à l'animalité en lui-même, mais c'est une simple idée d'un état, idée à laquelle il veut rendre adéquat cet état sous des conditions simplement empiriques (ce qui est impossible)[1]... ». Dans la représentation du bonheur, l'imagination n'est pas simplement une extension de la sensibilité ou une variation sur le seul thème du plaisir sensible, elle est déterminée par la raison (la faculté de l'inconditionné) à constituer et à figurer une totalité sensible.

Le bonheur est donc à la fois la fin naturelle à tous les hommes (être sensible, c'est désirer le bonheur), et en même temps un concept très suspect. Car ce qui me sépare originellement du bonheur, ce ne sont pas tant les obstacles extérieurs qui m'empêchent de l'obtenir ou d'en jouir, mais une aporie liée à sa détermination et à son concept.

En effet, tous les hommes, comme êtres sensibles finis, veulent le bonheur. Ce n'est pas une fin arbitraire, mais la fin *naturelle* de l'homme. Et tous sont d'accord pour voir dans le bonheur le maximum de la satisfaction, tant en variété qu'en intensité, c'est-à-dire sans sacrifier aucun des penchants. Il semble donc que tous savent ce qu'ils veulent lorsqu'ils veulent être heureux. Mais du fait que la totalité qu'est le bonheur n'est représentée que dans l'imagination, et que l'imagination est incapable de me représenter la compatibilité et la compossibilité des éléments dont elle compose le tout, puisqu'elle les prend de manière seulement additive, en fait je ne sais jamais quelle figure doit avoir le bonheur pour être seulement possible.

Du bonheur, chacun se fait une image en esquisse, qui dépendra de son caractère individuel comme de son histoire propre ; mais se formeront aussi des images collectives du bonheur : il y a un bonheur paysan, un bonheur bourgeois et un bonheur aristocratique, de même qu'il y a un bonheur romantique ou un bonheur 1900 : « le bonheur du début du siècle était radical, avec ses restaurants à trois francs et sa foi dans le progrès[2] ». Chaque figure particulière du bonheur exprime alors la particularité de celui ou de ceux qui y aspirent : « A toutes les époques de l'humanité, de

---

1. Kant, *Critique de la faculté de juger*, Œuvres complètes II, Pléiade, § 83.
2. Paul Morand, *Venises*, Gallimard, 1971, p. 18.

même que, pour une époque donnée, dans toutes les couches sociales, on trouve un bonheur qui correspond exactement aux notions et à l'accoutumance de la créature aux circonstances dans lesquelles elle est née et où elle a grandi[1]. » Kant en concluait que tout bonheur est *incomparable* : « il n'y a même pas possibilité d'établir une comparaison quant au degré de ce bonheur, ni d'indiquer un avantage par lequel une classe d'hommes ou une génération l'emporterait sur une autre ». Ce qui fait mon bonheur ne fait pas celui d'autrui : comme ne le cesse de le montrer Balzac, les éléments du bonheur bourgeois sont insipides aux yeux de l'artiste, dont en retour les joies paraissent au bourgeois extravagantes, malsaines et déréglées. De même, les bonheurs du snob et de l'ambitieux semblent incompréhensibles pour le solitaire. Si bien que l'envie du bonheur d'autrui ne semble pouvoir naître que chez des individus de même espèce : seul l'ambitieux qui échoue enviera celui qui a réussi. Ainsi, la multiplicité des figures particulières du bonheur risque d'aboutir à une sorte de particularisme folklorique, en sorte que l'envie se fera rare, non par sagesse ou vertu, mais par étrangeté et incompréhension. Prisonnier de l'horizon étroit que délimite une figure, un homme pourra dire de tous ceux qui poursuivent ou obtiennent un autre bonheur que lui : « je ne les envie pas » : mais c'est qu'il ne parvient même pas à se les *imaginer* heureux. Non seulement deux hommes se font une idée différente du bonheur : l'avare et l'ambitieux veulent tous deux le bonheur, mais pour l'un il consiste dans la possession de son or, et pour l'autre dans l'exercice du pouvoir, mais le même homme s'en fait une idée elle-même changeante : quand il sera malade, il voudra la santé, quand il sera guéri, la santé ne suffira plus pour assurer le bonheur. « Souvent le même homme change d'avis à son sujet : malade, il place le bonheur dans la santé, et pauvre dans la richesse[2]. » Autrement dit, le bonheur correspond toujours à ce dont je ressens le plus douloureusement l'absence, et je compte même pour rien ce que je possède ou peux posséder.

Le paradoxe est que l'homme semble parfois tenir davantage à la figure du bonheur qu'au bonheur lui-même : quand Swann suggère au narrateur d'aller dans les îles du Pacifique, ce dernier ne veut pas d'un bonheur certain, mais qui serait un bonheur sans Gilberte, tant son bonheur coïncide avec Gilberte[3]. Il sait que le bonheur serait dans l'insouciance, dans la

---

[1]. Kant, *Recension de l'ouvrage de Herder* : « Idées pour une philosophie de l'histoire de l'humanité », in : *La Philosophie de l'histoire*, Aubier Montaigne, p. 124.
[2]. Aristote, *Éthique à Nicomaque*, I, 2, éd. Tricot, Vrin, 1983.
[3]. « Quand Swann m'avait dit à Paris, un jour que j'étais particulièrement souffrant : "Vous devriez partir pour ces délicieuses îles de l'Océanie, vous verrez que vous n'en reviendrez plus", j'aurais voulu lui

satisfaction de tous ses désirs, dans la paix qu'il connaîtrait là-bas, mais il ne veut pas renoncer à la singularité de son désir, à la particularité de la figure du bonheur qui est la sienne. En vérité, *tout* bonheur ressemble à un de ces bonheurs imaginés au passage : le voyageur qui voit par la vitre du train un calme village et qui s'y figure un bonheur qui lui fait regretter que le train ne s'arrête pas pour toujours, l'ambitieux qui se hâte pour aller faire sa cour aux puissants et qui, tout en courant, envie les joueurs de cartes assis à l'ombre d'un tilleul. A chaque fois, c'est un aspect ou un fragment du monde qu'isole mon regard et que mon désir assimile à une autre vie. Le spectacle entrevu *fait image* et me promet en cette image ce que jamais je ne pourrai lui demander de tenir. Du même ordre est le bonheur que l'on croit voir dans les tableaux : ceux de Chardin, ou même le « Moulin de la Galette » de Renoir[1]. Certes, j'y vois d'abord un *autre* bonheur que le mien, une *autre* figure du bonheur, qui suscite en moi une nostalgie d'un instant, le regret éphémère de n'avoir pas des désirs et des joies de grisette ou de calicot. Mais à la réflexion je découvre que *mon* bonheur, celui que je désire réellement, obéit à la même nécessité. Car l'ambitieux *se* voit au pouvoir : son bonheur est un tableau à ses propres yeux. Mais il a beau accumuler tous les éléments dont il croit que ce tableau est composé, le tableau lui-même fera toujours défaut.

Si le bonheur pouvait être échangé contre ce à quoi je l'identifie, l'argent, le pouvoir, Gilberte, alors je dois tout mettre en œuvre pour obtenir ces réalités. D'où les médiations inventées par l'avare, l'ambitieux, l'amoureux. Mais si le bonheur est toujours non pas dans l'argent, mais dans le fait que je me voyais riche, non dans le pouvoir, mais dans le fait que je me voyais puissant, non dans Gilberte, mais dans le fait que je me voyais avec elle, alors les moyens seront toujours insuffisants : car la réalité une fois obtenue aura perdu cette capacité d'être l'accès à un autre monde. Dès lors, ce bonheur, je souhaite ne pas l'atteindre, ou plus précisément je souhaite ne pas atteindre la réalité à laquelle je l'identifiais, afin qu'il continue de coïncider avec elle. « Les Iles sous le vent ? J'aimerais mieux ne jamais y aller pour qu'elles restent comme je les ai faites. Mais j'ai envie d'ailleurs,

---

répondre : "Mais alors je ne verrai plus votre fille, je vivrai au milieu de choses et de gens qu'elle n'a jamais vus". Et pourtant ma raison me disait : "Qu'est-ce que cela peut faire, puisque tu n'en seras pas affligé ? Quand M. Swann te dit que tu ne reviendras pas, il entend par là que tu ne voudras pas revenir, et puisque tu ne le voudras pas, c'est que, là-bas, tu seras heureux" » (*A l'ombre des jeunes filles en fleur*, *Recherche*, éd. Tadié, Pléiade, tome II, p. 31).

1. De même, « On n'aime d'une femme cela même qu'une œuvre d'art annonce et qui la constitue : un autre monde » (Nicolas Grimaldi, *La Jalousie*, Actes Sud, 1993, p. 20).

voilà ce qu'il faut dire[1] ». Il s'agit d'un bonheur qui est par essence au-delà de toute médiation, dont toute l'essence est précisément dans cet au-delà.

Ainsi le plus conséquent dans la recherche du bonheur semble être encore l'avare qui possède le signe, l'or, et se refuse à le dépenser : comme s'il pressentait que toute consommation est décevante, que les banquets ne font rêver que ceux qui ne se sont pas encore mis à table, et comme s'il trouvait son bonheur à posséder tous les biens consommables seulement en puissance, dans ce qui permet de les obtenir, l'or, et sans le dépenser jamais.

II – L'illusion d'une technique du bonheur. Bonheur et raison

On sait que hors l'impératif catégorique (l'impératif de la moralité), qui commande absolument (*tu dois sans condition*) sans présupposer une fin de la volonté, Kant distingue encore un impératif technique ou problématiquement pratique, et un impératif pragmatique, ou assertoriquement pratique ; l'un et l'autre reposent sur la présupposition d'une fin, et font seulement dériver la volonté des moyens de la volonté de la fin : ayant la volonté de la fin, *je dois* avoir la volonté des moyens. Mais, dans le premier cas, l'impératif me commande ce que je dois faire pour réaliser une fin arbitraire : *si tu veux, tu dois*, mais il est contingent que tu veuilles ; dans le second cas, au contraire, la fin n'est pas arbitraire, elle peut être présupposée en tout homme : car tout homme veut assurément le bonheur. Le bonheur est l'unique fin réelle sur laquelle repose l'impératif pragmatique, face à la multiplicité indéfinie des fins possibles qui fondent chacune un impératif technique particulier. S'agissant du bonheur, la condition de la volonté de la fin est donc initialement posée comme effective en tout homme, aussi n'est-il pas nécessaire de l'exprimer par la conjonction *si*. L'impératif pragmatique a donc pour formule : *tu veux* (le bonheur, comme tout autre homme), *donc tu dois*. Il possède donc cette supériorité apparente sur l'impératif technique (de l'habileté), qu'il se fonde sur une fin réelle et naturelle. Mais on se heurte alors à la difficulté suivante : tant que la fin, même réelle, n'est pas déterminée, on ne peut non plus déterminer les moyens. Je sais que je veux le bonheur, et donc, en vertu de l'impératif pragmatique, que je dois mettre en œuvre les moyens pour l'obtenir ; mais j'ignore lesquels. Je veux, donc je dois, mais je ne sais ce que je dois. Du côté de l'impératif technique, j'ai une fin arbitraire, contingente, mais déterminée, et donc je saurai ce qu'il faut faire pour la réaliser, bien que je ne sois pas assuré de la vouloir jamais ; du côté de l'impératif pragmatique,

---

1. Marcel Pagnol, *Marius*, acte II.

j'ai une fin que je suis assuré de vouloir, mais elle est indéterminée, si bien que l'impératif qui me commande ne me prescrit rien de précis. Mais cette distinction donne encore lieu à une dialectique. Le charpentier sait ce qu'il faut faire pour assembler des pièces de bois. L'avare sait, s'il est habile (et le père Grandet l'est suffisamment) ce qu'il faut faire pour accumuler or et argent. En ce sens, ils sont l'un et l'autre dans le champ de l'impératif technique ou de l'habileté. Mais il y a cette différence entre eux que le charpentier raisonne simplement en homme de l'art, tandis que l'avare, parce qu'il aime l'argent, croira qu'il sait ce qu'il faut faire pour obtenir le bonheur : mais c'est qu'il a préalablement identifié le bonheur, fin naturelle indéterminée, à l'argent, fin arbitraire et déterminée. Car il y a deux statuts de la fin et de l'impératif techniques. Tantôt ils sont circonscrits : c'est le cas pour les hommes de l'art en général, tel ce marin évoqué par Platon, qui sait mener ses passagers à bon port, sans se vanter de les rendre meilleurs ou plus heureux pour autant. Tantôt il arrive qu'une fin qui relève de l'habileté en vienne à *figurer* le bonheur : un impératif technique sera alors comme la réalisation, la détermination de l'impératif pragmatique. Quand on a identifié le bonheur à une fin particulière, la richesse, le pouvoir, les honneurs, on croit que le bonheur est affaire de simple habileté, et que les moyens de la fin particulière, richesse ou pouvoir, sont aussi les moyens du bonheur. Si l'argent fait le bonheur, le spéculateur habile sera heureux. On en vient alors à croire que le bonheur pourrait relever d'une habileté, au même titre qu'une de ses figures particulières, et qu'il pourrait donc exister, sur le modèle de la technique, un impératif de l'habileté portant sur un fin assertorique, une technique du bonheur comme tel, et non du bonheur identifié à la richesse, aux honneurs, au pouvoir. Comment échapper dès lors à la particularité ? Comment penser une technique du bonheur qui ne soit pas le bonheur d'Harpagon ou de Rastignac, mais une technique du bonheur de l'homme ? D'où l'idée d'une connaissance suffisante de la nature humaine pour déterminer anthropologiquement le bonheur, pour obtenir une fin déterminée, à la fois en elle-même et dans sa variété (selon les divers caractères des hommes). Le bonheur (individuel et collectif) serait donc déterminé comme la santé peut l'être objectivement par l'observation du taux normal d'hémoglobine, de cholestérol, etc.

Si le bonheur relève d'une habileté, alors on conçoit qu'on puisse le produire pour l'humanité en général[1]. Le bonheur devient une fin politique.

---

1. C'est le propre de l'utopie. Pour Fourier, il s'agit, à partir d'une connaissance de la nature humaine et de toutes les passions dont elle est susceptible, d'instaurer les conditions propres à réaliser le bonheur.

Mais le politique entretient un double rapport avec le bonheur. Dans le premier, le politique a seulement à faire avec des hommes dont chacun a sa propre figure du bonheur, déterminée singulièrement. Il vise donc à ce que cette diversité dans la recherche du bonheur n'aboutisse pas à une impossibilité sociale, à une impossibilité de la vie en commun : la fin de la politique serait alors de faire émerger, à côté des formes immédiates du bonheur un bonheur lié à la vie en commun et à l'amitié, le bonheur du bien-vivre, un bonheur dans lequel autrui n'est pas seulement, comme dans l'esclavage, le moyen du bonheur de chacun, mais sa condition. Dans la cité d'Aristote, le bien-vivre est essentiellement un être heureux avec autrui. Dans le second, le politique prend en charge l'organisation sociale pour lui faire produire le bonheur, comme une manufacture produit du tissu. Apparemment, l'utopie a l'avantage de la connaissance (de l'homme) et de l'efficacité qu'elle fonde : en elle, le bonheur fait l'objet d'une technique sociale. Mais en réalité, l'utopie est plus fondamentalement la négation de la contingence : l'organisation collective de la production du bonheur présuppose que la détermination du bonheur, que la figure que le bonheur prend pour chacun soit prise en charge par l'organisation sociale elle-même, qui connaît à la fois socialement et individuellement la forme du bonheur qui convient à tous et à chacun.

Ce qui se trouve ainsi supprimé, c'est la possibilité de ce qu'Aristote nommait *praxis*, pratique, c'est-à-dire l'ambiguïté de l'agir humain : en fait, chacun choisit des moyens pour sa fin, l'avare des moyens pour s'enrichir et accumuler, et donc on retomberait dans le champ de l'habileté. Mais chacun a une fin indéterminée, le bonheur, qui ne donne comme telle lieu à aucun moyen, sinon à de vagues conseils. Et donc il faut savoir que choisissant les moyens, indirectement je choisis la fin (déterminée), et donc la détermination de la fin : l'avare n'a pas choisi d'être avare, mais, choisissant d'accumuler, d'être habile dans l'accumulation, peu à peu il s'est fait avare, et il s'est donné la fin de son habileté. La prudence consiste alors à savoir qu'il n'y a pas d'habileté gratuite, et qu'à se rendre habile dans l'art de parler devant des assemblées, comme l'homme du Théétète, on se fera du même coup un bonheur d'ambitieux politique. Certes, la figure déterminée du bonheur appelle le développement d'une habileté correspondante : c'est parce que je suis avare que je me soucie de devenir habile à amasser, mais à l'inverse je ne me souviens pas d'avoir choisi d'être avare. Il faut alors ajouter que l'habileté à amasser me donne un bonheur d'avare.

III – Le souverain bien

Est-ce que la raison peut déterminer le bonheur sans tomber dans les défauts de l'utopie ? Les utopistes animalisent l'homme, naturalisent l'homme. Au contraire la raison doit le penser comme équivoque. Ce n'est pas seulement comme être naturel et sensible que l'homme veut le bonheur, mais aussi comme être fini, et il n'y a pas de fini sans pensée d'un infini. Le bonheur est bien ce mixte de deux moments : le moment de la sensibilité et le moment de la totalité. La problématique du bonheur témoigne d'une double nature, et donc d'une nature métaphysique. La question n'est pas de savoir comment être heureux, mais de prendre conscience que l'homme ne désire pas le bonheur comme un animal quelque peu supérieur, mais aussi et même principalement comme un roi dépossédé[1].

Le moment décisif de la détermination du bonheur passe donc par la prise en compte des désirs mais aussi de la volonté. En apparence, la définition est purement formelle et abstraite : est heureux un être pour qui dans le monde tout arrive selon sa volonté. Si je n'ai que la volonté de mes désirs, le changement de formulation est insignifiant. Mais cela donne une nouvelle figure du bonheur : celle de l'objectivité ou celle de la victoire. Le bonheur est volonté réalisée. La difficulté est alors celle de l'extériorité. Ou bien, comme les Stoïciens, je pense qu'il n'y a de bonheur que dans la victoire, mais que la seule victoire que je puisse obtenir est celle qui se joue sur ce qui dépend absolument de moi, et je serai heureux, ou j'aurai la béatitude si j'ai remporté la victoire en moi-même, à l'exclusion de toute extériorité. Ou bien je conserve ce qui dans le bonheur tient à la rencontre, à la correspondance entre l'extériorité et l'extériorité, et alors il semble que quelle que soit ma prudence, je ne puis jamais être assuré du bonheur, puisqu'il inclut un élément qui ne dépend pas de moi. Mais précisément puis-je renoncer à inclure dans le bonheur la finalité ressentie d'une correspondance heureuse entre une extériorité et ma volonté ? C'est l'idée kantienne du souverain bien : je sais ce que je dois vouloir, mais, ce faisant, ma volonté même, dont je suis le libre maître, ne peut pas ne pas m'imposer une fin, qui est que le souverain bien se réalise dans le monde, lequel monde ne dépend pas de moi. D'où l'idée que le bonheur est inconcevable s'il n'y a pas une puissance qui puisse faire correspondre l'extériorité (qui m'échappe infiniment) à la rectitude de la volonté en moi : c'est le postulat de la raison pratique, l'existence de Dieu comme auteur moral du monde.

---

1. Pascal, *Pensées*, 117, L'intégrale, éd. Lafuma.

Textes commentés

La mort n'est rien pour nous

« Familiarise-toi avec l'idée que la mort n'est rien pour nous, car tout bien et tout mal résident dans la sensation ; or la mort est privation complète de sensation. Cette connaissance certaine que la mort n'est rien pour nous a pour conséquence que nous apprécions mieux les joies que nous offre la vie mortelle, parce qu'elle n'y ajoute pas une durée illimitée, mais nous ôte au contraire le regret de n'être pas éternel. Car il n'y a plus d'effroi dans la vie pour celui qui a réellement compris que la mort n'a rien d'effrayant. Il faut ainsi considérer comme un sot celui qui dit que nous craignons la mort, non pas parce qu'elle nous afflige quand elle arrive, mais parce que nous souffrons déjà à l'idée qu'elle arrivera un jour. Car si une chose ne nous cause aucun trouble par sa présence, l'inquiétude qui est attachée à son attente est sans fondement. Ainsi, celui des maux qui fait le plus frémir n'est rien pour nous, puisque tant que nous existons la mort n'est pas, et que quand la mort est là nous ne sommes plus. La mort n'a, par conséquent, aucun rapport ni avec les vivants ni avec les morts, étant donné qu'elle n'est rien pour les premiers et que les derniers ne sont plus. »

Épicure, *Lettre à Ménécée*, Trad. Solovine, Hermann, pp. 98-99.

Seul existe pour moi ce qui m'affecte, c'est-à-dire ce qui est pour ma sensation : et donc ce qui est présent à un être présent, à une capacité présente d'être affecté. Mais il est vrai que j'éprouve par anticipation la crainte d'une souffrance à venir, et qu'en ce sens je souffre avant que de souffrir. Mais cela n'a de sens que si je sais que viendra un moment du temps où la douleur que je ne fais pour l'instant que craindre me sera effectivement présente. Or la mort est cessation d'existence : et en particulier abolition de toute capacité de sentir et d'être affecté. Il est vrai qu'elle viendra. Mais cette mort future ne pourra pas, quand elle sera arrivée, m'affecter, puisque je ne serai plus là pour être affecté. Il y a donc une différence fondamentale entre la mort et la souffrance : je ne puis souffrir que si je suis contemporain de ma souffrance, que si moi-même et ce qui me fait souffrir existons *ensemble*. Or la mort est cessation de mon existence : je ne puis jamais coïncider avec ma propre mort, aussi la mort ne pourra-t-elle jamais m'affecter.
Par conséquent il est absurde de craindre ce qui ne peut m'affecter de souffrance. Je puis craindre la douleur à venir parce que je suppose que ma vie durera jusqu'au moment où la douleur m'affectera : mais je ne puis craindre la mort à venir de la même manière, puisque par définition la mort est ce qui interrompt la vie.
Mais dans la mesure où les autres craintes sont en vérité comme amplifiées par celle de la mort, dans la mesure où toute souffrance présente est doublée d'une crainte de la mort dont elle semble être le signe et qu'elle se rend comme présente par anticipation, le savoir de la vérité de la mort (la mort n'est rien pour moi), supprime du même coup ce que les autres souffrances présentes tenaient de l'imaginaire. Avant, quand je souffrais, je vivais mille morts, puisqu'à chaque instant je croyais vivre ma propre mort dans le présent de ma souffrance. Maintenant que je sais que je ne vivrai jamais ma mort, je ne puis vivre aucune mort : la vie est délivrée de la mort, c'est-à-dire de l'affect présent de la crainte de la mort.
Les atomistes enseignent que l'atome est un plein sans nul vide, le non-être comme vide étant à l'extérieur de l'atome comme être ; de même la morale épicurienne m'apprend à faire de ma vie une plénitude dont le non-être est expulsé. Je puis faire qu'il y ait aussi peu de néant (de crainte, de souffrance) dans ma vie qu'il y a de néant, c'est-à-dire de vide dans l'atome.

La mort et le bonheur

« Admettons donc que l'on doive voir la fin et attendre ce moment pour déclarer un homme heureux, non pas comme étant actuellement heureux, mais parce qu'il l'était dans un temps antérieur : comment n'y aurait-il pas une absurdité dans le fait que, au moment même où cet homme est heureux, on refusera de lui attribuer avec vérité ce qui lui appartient, sous prétexte que nous ne voulons pas appeler heureux les hommes qui sont encore vivants, en raison des caprices de la fortune et de ce que nous avons conçu le bonheur comme quelque chose de stable et ne pouvant être facilement ébranlé d'aucune façon, alors que la roue de la fortune tourne souvent pour le même individu ? Il est évident, en effet, que si nous le suivons pas à pas dans ses diverses vicissitudes, nous appellerons souvent le même homme tour à tour heureux et malheureux, faisant ainsi de l'homme heureux une sorte de caméléon ou une maison menaçant ruine. Ne doit-on pas plutôt penser que suivre la fortune dans tous ses détours est un procédé absolument incorrect ? Ce n'est pas en cela, en effet, que consistent la prospérité ou l'adversité : ce ne sont là que de simples adjuvants dont la vie de tout homme a besoin. La cause véritablement déterminante du bonheur réside dans l'activité conforme à la vertu ».

Aristote, *Éthique à Nicomaque*, I, 11, 1100 a 32-b 11, trad. Tricot, Vrin.

A première vue, la difficulté se présente comme liée au discours : quand peut-on et doit-on dire un homme heureux ? Apparemment, quand nous pouvons considérer la *totalité* d'une vie. Juger un homme heureux, c'est juger sa vie entière. Mais si, pour juger véritablement du bonheur d'un homme, on doit attendre la fin, c'est-à-dire sa mort, parce que c'est alors seulement que l'on peut avoir une vue d'ensemble de son existence, la *vérité* du bonheur sera toujours rétrospective. On ne pourra jamais dire : il *est* heureux, mais seulement : il *a été* heureux. Mais la difficulté se radicalise alors : en effet, si au moment de ma vie où je suis heureux, la vérité de mon bonheur est encore en suspens, c'est que je ne suis pas véritablement heureux *dans* ma vie ; mon bonheur sera toujours un bonheur pour les autres, pour la postérité, et jamais pour moi. Si j'essaie de saisir réflexivement ce qui me semble être mon propre bonheur, je devrai dire non pas : je *suis* heureux, mais je *serai ayant été* heureux.

Mais pourquoi cette nécessaire attente de la mort ? Tout bonheur exposé aux revers de fortune n'est pas un véritable bonheur. On saisit ici l'opposition qu'il y a entre l'*actualité* du bonheur et sa *durée*. En effet, au contraire du plaisir, le bonheur exige sa propre stabilité. Mais la conscience tragique que les Grecs avaient de la fragilité de tout bonheur, de la présomption de toute affirmation de bonheur, ne vient-elle pas en retour miner la plénitude du bonheur présent, même éphémère ? Un bonheur présent qui n'est pas assuré du lendemain ne possède pas de stabilité, il n'est donc pas bonheur véritable. Mais, puisque tout avenir est incertain ou menaçant, le bonheur ne semble assuré, certain que quand il n'y a plus d'avenir. Or, Aristote refuse cette conséquence : le bonheur doit avoir sa vérité dans le maintenant, il faut donc qu'il soit actualité et activité, si bien que la perfection de sa forme ne doit pas dépendre de la durée. De même, je suis mortel, je ne vivrai pas toujours, mais je suis pleinement vivant, en acte de ma vie en chacun de ses instants. L'essentiel est donc de déterminer l'œuvre propre de l'homme, et de comprendre que le bonheur est l'activité proprement humaine. Certes, je puis souhaiter vivre heureux longtemps, mais c'est maintenant que le bonheur est vie accomplie et proprement humaine.

La raison et le bonheur

« En fait, nous remarquons que, plus une raison cultivée s'occupe de poursuivre la jouissance de la vie et du bonheur, plus l'homme s'éloigne du vrai contentement. Voilà pourquoi, chez beaucoup, et chez ceux-là mêmes qui ont été le plus versés dans l'usage de la raison, il se produit, pourvu qu'ils soient assez sincères pour l'avouer, un certain degré de *misologie*, c'est-à-dire de haine de la raison. En effet, après avoir fait le compte de tous les avantages qu'ils retirent, je ne dis pas de la découverte de tous les arts qui constituent le luxe ordinaire, mais même des sciences (qui finissent par leur apparaître aussi comme un luxe de l'entendement), toujours est-il qu'ils trouvent qu'en réalité ils se sont imposé plus de peine qu'ils n'ont recueilli de bonheur ; aussi, à l'égard de cette catégorie plus commune d'hommes, qui se laissent conduire de plus près par le simple instinct naturel et n'accordent à leur raison que peu d'influence sur leur conduite, éprouvent-ils finalement plus d'envie que de dédain. Et, en ce sens, il faut reconnaître que le jugement de ceux qui limitent fort, et même réduisent à rien, les pompeuses glorifications des avantages que la raison devrait nous procurer relativement au bonheur et au contentement de la vie n'est en aucune façon le fait d'une humeur chagrine ou d'un manque de reconnaissance envers la bonté du gouvernement du monde, mais qu'au fond de ces jugements gît secrètement l'idée que la fin de notre existence est toute différente et beaucoup plus noble, que c'est à cette fin, non au bonheur, que la raison est spécialement destinée, que c'est à elle en conséquence, comme à la condition suprême, que les vues particulières de l'homme doivent le plus souvent se subordonner. »

Kant, *Fondements de la métaphysique des mœurs*, « Ire section »,
Œuvres complètes II, Pléiade, pp. 253-254.

Il y a une *culture* de la raison, qui consiste dans l'acquisition des *arts* et des *sciences* : elle exige un travail et ne va pas sans peine. La raison cultivée n'est pas la raison immédiate, elle est la faculté naturelle augmentée par son exercice.

Or la raison est une faculté « pratique » : elle détermine la conduite. Kant examine ici une raison à laquelle l'homme ferait appel pour guider sa conduite *en vue d'obtenir le bonheur*, fin que lui donne la sensibilité. La raison aurait pour fonction d'indiquer les voies et les moyens du bonheur. La culture de la raison reviendrait à perfectionner un instrument, à médiatiser la médiation, mais toujours pour qu'en fin de compte la raison (cultivée) mène au bonheur.

Mais la culture de la raison n'est pas le perfectionnement d'un instrument, et ne laisse pas le bonheur inchangé. L'homme cultivé se fait du bonheur une autre représentation que le sauvage : il peut connaître d'autres satisfactions, y compris la moins « sensuelle » : celle de la connaissance.

La fin de la raison ne serait-elle pas le raffinement ? L'homme développerait sa raison pour le besoin immédiat, puis la raison développée lui révélerait d'*autres* satisfactions. Il y aurait une ruse de la nature, la raison permettant non d'atteindre plus facilement un bonheur dont la figure est naturelle, mais de former l'idée du bonheur civilisé. L'instinct conviendrait mieux si le bonheur devait rester animal : mais la raison, en guidant la conduite, se justifie en échappant à sa fonction instrumentale pour fonder un bonheur plus humain. L'*infériorité* de la raison par rapport à l'instinct (relativement au bonheur animal) manifeste que l'homme est fait pour un bonheur autre qu'animal.

Or Kant démontre le contraire. L'homme cultivé ne se trouve pas plus proche du bonheur. Composer la figure du bonheur de satisfactions plus civilisées ne signifie pas que le bonheur soit *effectivement* atteint, et que la peine de la culture soit compensée par plus de jouissances.

D'où la *misologie* : la raison nous a entraînés vers un autre bonheur dont sa culture a formé l'image, mais nous regrettons la perte de la figure primitive d'un bonheur dont le soin incombait à l'instinct. Les arts encombrent la vie d'un luxe inutile, et même les sciences semblent être « un luxe de l'entendement ». Or la misologie révèle une *autre* téléologie : l'infériorité de la raison par rapport à l'instinct relativement à *tout* bonheur montre que l'homme et la raison en lui ont une destination *autre* que le bonheur : une destination suprasensible.

Bonheur et imagination

« Malheur à qui n'a plus rien à désirer ! Il perd pour ainsi dire tout ce qu'il possède. On jouit moins de ce qu'on obtient que de ce qu'on espère, et l'on n'est heureux qu'avant d'être heureux. En effet, l'homme avide et borné, fait pour tout vouloir et peu obtenir, a reçu du ciel une force consolante qui rapproche de lui tout ce qu'il désire, qui le soumet à son imagination, qui le lui rend présent et sensible, qui le lui livre en quelque sorte, et pour lui rendre cette imaginaire propriété plus douce, le modifie au gré de sa passion. Mais tout ce prestige disparaît devant l'objet même ; rien n'embellit plus cet objet aux yeux du possesseur ; on ne se figure point ce qu'on voit ; l'imagination ne pare plus rien de ce qu'on possède, l'illusion cesse où commence la jouissance. Le pays des chimères est en ce monde le seul digne d'être habité, et tel est le néant des choses humaines, qu'hors l'Être existant par lui-même, il n'y a rien de beau que ce qui n'est pas.
Si cet effet n'a pas toujours lieu sur les objets particuliers de nos passions, il est infaillible dans le sentiment commun qui les comprend toutes. Vivre sans peine n'est pas un état d'homme ; vivre ainsi c'est être mort. Celui qui pourrait tout sans être Dieu, serait une misérable créature ; il serait privé du plaisir de désirer ; toute autre privation serait plus supportable. »

Rousseau, *La Nouvelle Héloïse, Œuvres complètes* II, pp. 693-694.

La représentation ordinaire du désir nous amène à penser que le désir est un manque, et donc une souffrance : tout au moins un état qui tend à la jouissance, mais ne la contient pas et l'exclut. Car la jouissance suppose la possession qui doit marquer en même temps la disparition du désir. On devrait alors dire : *tantôt* je désire, *tantôt* je suis heureux. Or ce texte de Rousseau repose sur le paradoxe suivant : ce n'est pas celui qui n'a plus rien à désirer qui est heureux, ne plus désirer est au contraire un malheur. Celui qui a obtenu ce qu'il désire ne désire plus ; il semble alors qu'il possède, et pourtant Rousseau affirme qu'avec la disparition du désir il a en vérité tout perdu : il est dépossédé au moment même où il possède ce qu'il désire.

Le désir désire possession et jouissance : la possession me permet de goûter ce que je possède. Mais si l'on possède sans être heureux, posséder n'est rien, je possède un objet du désir, mais je ne possède plus mon bien ou mon bonheur en lui. Or ce n'est que dans le désir même que mon bonheur est lié, adhérent à l'objet. La seule jouissance dont l'homme soit capable est donc une jouissance *in absentia*. Alors que le besoin ne peut être satisfait qu'*in præsentia*. L'imagination, qui étend pour nous la mesure des possibles, et creuse par là notre désir, est aussi une force consolante puisqu'elle nous donne non seulement la représentation mais comme l'équivalent imaginaire d'une présence effective. Elle me fait désirer, mais elle me livre imaginairement ce que je désire. Je ne me contente pas d'y penser ; c'est comme si c'était là. Il y a un bonheur de l'imaginaire, une jouissance de l'objet dans l'imagination et donc en son absence que ne viennent pas ternir les vicissitudes liées à l'objet réel (la servitude du pouvoir, les caprices de la femme, la puanteur de Venise). Au contraire, dans l'imagination, la chose est soumise à ma puissance ; elle ne peut me décevoir. C'est la raison pour laquelle l'imagination se nourrit de l'absence. L'objet devient ce que je veux qu'il soit.

En fait, la jouissance suppose ce que Rousseau nomme beauté de l'objet. Mais la présence est exclusive de la beauté ; pour nous, seule l'absence et donc le désir « embellissent » l'objet. La vraie jouissance est pour nous une jouissance dans l'illusion, dans la présence illusoire de l'imaginaire.

Mort et délivrance

« Être ainsi délié, voilà donc ce contre quoi l'âme du vrai philosophe pense qu'on ne doit rien faire, et de la sorte elle se tient à l'écart des plaisirs, aussi bien que des désirs, des peines, des terreurs, pour autant qu'elle en a le pouvoir. Elle calcule en effet que, à ressentir avec intensité plaisir, peine, terreur ou désir, alors, si grand que soit le mal dont on puisse souffrir à cette occasion, entre tous ceux qu'on peut imaginer, tomber malade par exemple ou se ruiner à cause de ses désirs, il n'y a aucun mal qui ne soit dépassé cependant par celui qui est le mal suprême ; c'est de celui-là qu'on souffre, et on ne le met pas en compte ! — Qu'est-ce que ce mal, Socrate ? dit Cébès. — C'est qu'en toute âme humaine, forcément, l'intensité du plaisir ou de la peine à tel ou tel propos s'accompagne de la croyance que l'objet de cette émotion, c'est tout ce qu'il y a de plus clair et de plus vrai, alors qu'il n'en est point ainsi. Il s'agit alors au plus haut point de choses visibles, n'est-ce pas ? — Hé ! absolument. — N'est-ce pas dans de telles affections qu'au plus haut point l'âme est assujettie aux chaînes du corps ? — Comment, dis ? — Voici : tout plaisir et toute peine possèdent une manière de clou, avec quoi ils clouent l'âme au corps et la fichent en lui, faisant qu'ainsi elle a de la corporéité et qu'elle juge de la vérité des choses d'après les affirmations mêmes du corps. »

Platon, *Phédon*, 83 b-d,
Collection des Universités de France, éd. Les Belles Lettres.

L'âme du philosophe aspire à se ramasser en elle-même et éprouve le corps comme obstacle et entrave qui l'empêche d'être entièrement pure pour l'activité qui lui est propre et qu'elle exerce par elle-même : l'intelligence de l'être véritable.
C'est pourquoi l'âme du philosophe ne peut s'opposer sans inconséquence à tout ce qui la sépare du corps ; à la mort elle-même, mais aussi à cet apprentissage de la mort — mourir au sensible — qui lui fait *durant la vie même* se tenir à l'écart du corps et de ses affects, en un mot éviter de se compromettre avec lui plus qu'il n'est nécessaire.
La raison qu'elle a d'éviter plaisir, peine et désir n'est pas celle qui vient à l'esprit du vulgaire. La plupart des hommes, en effet, s'imaginent que la passion et la soumission aux impulsions du corps sont funestes parce qu'elles nuisent non pas tant à leur âme qu'à *d'autres* passions et d'autres intérêts tout aussi sensibles : ainsi, la coquette se retiendra de succomber à la gourmandise, ainsi il y aura des courageux par lâcheté (par peur d'être blâmé ou puni), et des tempérants par intempérance (qui s'abstiennent de boire pour mieux s'adonner au plaisir). Le dérèglement est ainsi le vrai principe de ce qui leur semble vertu. Car le vulgaire est incapable de voir en quoi consiste le *vrai* mal de la passion et du plaisir. Celui-ci n'est pas un effet de la passion, qui serait à son tour une passion, comme la souffrance ou la tristesse accompagnant les conséquences de l'excès d'un plaisir, mais tient à la nature ontologique de la passion et du plaisir eux-mêmes. En effet, toute passion, en fonction même de son *intensité*, fait croire à l'*être* et à la *vérité* de son objet. Un courtisan considérera la faveur du roi comme le bien le plus réel de tous, bien qu'il ne soit que vanité. La condamnation de la passion ou du plaisir n'est donc pas l'effet d'un quelconque « moralisme » mais a pour seul motif leur puissance falsificatrice. Car la violence de la passion dote d'une pseudo-consistance ontologique des objets qui sont ceux du corps, c'est-à-dire sensibles. C'est ainsi que le tyran qui est le plus esclave de tous (de ses désirs) s'imagine que son pouvoir est réel.
C'est pourquoi le plaisir et la peine sont comme un « clou » qui attache l'âme au corps, c'est-à-dire font du corps et de ses passions comme la mesure de la vérité et de l'être. Pour Platon, l'attachement de l'âme au corps et sa délivrance ne prennent sens que rapportés à la destinée essentielle de l'âme : être à proximité de la vérité.

Dissertations

Exister, est-ce simplement vivre ?

> **PLAN**
>
> *Introduction* : l'existence est-elle redondante par rapport à la vie ou est-elle un autre nom pour la vie ?
>
> I – L'existence comme un autre nom pour la vie
>   a) Vivre et bien-vivre
>   b) La nostalgie de la vraie vie
>   c) Vraie vie et existence
>
> *Transition* : quelle est cette vraie vie à laquelle j'aspire ?
>
> II – L'originalité de l'existence
>   a) L'existence comme « déjà-là »
>   b) L'inauthenticité
>   c) La contingence
>
> *Transition* : comment l'existant se substitue-t-il à l'homme ?
>
> III – Infinité et liberté
>   a) La révolte contre la vie
>   b) L'abandon à soi-même
>   c) Le choix de l'existence
>
> *Conclusion* : l'existence comme négation de la naturalité

Introduction

S'il suffit de vivre pour exister, alors il n'y a rien à faire. Dès que je vis, c'est-à-dire dès que je respire, dès que je me nourris, dès que je me reproduis, j'existe. Mais alors l'existence appartient aussi bien au brin d'herbe, à l'amibe qu'à l'homme. L'existence serait purement redondante par rapport à la vie. Mieux encore, tout ce qui vit *a fortiori* existe, puisque tout vivant est existant, alors que l'inverse n'est pas vrai.

Or le sujet semble impliquer le contraire : il ne suffirait pas de vivre pour exister, et ceci en deux sens. D'une part, tout vivant n'est pas pour autant un existant, d'autre part, même celui qui existe peut toujours tomber hors de la *vérité* de l'existence. Tant que je ne suis pas mort, je suis assuré de vivre plus ou moins bien, mais de vivre : ce qui fait alors question, c'est la valeur de ma vie. L'existence, au contraire, semble plus problématique : suis-je assuré d'exister, et comment ?

Il y a donc *deux sens* de l'existence : selon le premier, toutes les choses présentes dans le monde existent, le soleil comme le caillou, et seules certaines de ces choses ont la propriété d'être des vivants. Selon le second, qui est manifestement celui du sujet proposé, l'existence ne serait pas ce qui est commun à toutes les choses, mais un mode d'être restreint et exceptionnel, et exister serait plus ou autre chose que vivre. L'homme seul serait un existant ; à quel titre l'est-il ?

I – L'existence comme un autre nom pour la vraie vie

a) Dès lors qu'il s'agit de l'homme, la philosophie a toujours distingué une vie simplement animale, biologique, restreinte à la satisfaction des besoins, et une *vraie* vie, une vie véritablement humaine, une vie digne d'être vécue.

Ainsi Aristote, dans la *Politique*, oppose-t-il le vivre et le bien-vivre. C'est dans le bien-vivre (dans la cité) que l'homme est véritablement un homme et réalise la fin qui lui est propre.

Ainsi Kant condamne-t-il avec Juvénal ceux qui, pour sauver leur vie (pour survivre) perdent ce qui rend la vie digne d'être vécue : *propter vitam vivendi perdere causas*.

b) L'homme est donc un être tel qu'il ne suffit pas que la vie soit naturellement donnée (et conservée) pour qu'il soit assuré de vivre vraiment. La vie comme survie, même si elle ne souffre d'aucun manque vital (si tous mes besoins sont satisfaits), ne me paraît pas complète en elle-même : toujours j'aspire à une autre vie, qui ne m'est pas donnée, que je ne suis pas certain d'obtenir, mais qui serait la vraie vie.

c) Dès lors, cette question se pose : l'opposition de la vie et de l'existence est-elle une nouvelle expression de l'opposition de la vie immédiate et de la vie vraie ?

Je me plains de ma vie en disant qu'elle n'est pas la vraie vie ; puis-je au même sens dire : « cette vie, ce n'est pas une existence » ? Et ne pourrais-je pas dire tout aussi bien : « cette existence, ce n'est pas une vie » ? Les termes seraient indifférents, seule demeurerait l'opposition entre l'immédiateté naturelle d'une vie qui m'est donnée, et une vie qui m'est promise et à laquelle j'aspire.

II – L'originalité de l'existence

a) Si l'existence était identique à la vraie vie, elle serait ma fin, la fin de l'homme en moi. Elle aurait donc rapport au bonheur. Le risque serait alors de me tromper sur les moyens et les voies de parvenir à cette vie qui est ma destination. Mais l'exister n'est pas à venir, il n'est pas une vie que je dois atteindre pour accomplir mon essence, il est toujours déjà là, je le découvre comme étant mon lot. Mon existence me saisit. Au contraire de la vraie vie, qui semble toujours à venir, l'exister est déjà-là.

b) Auquel cas, le risque n'est pas le mauvais choix, mais l'inauthenticité : celle qui consiste à vivre en se fuyant comme existant. L'opposé de l'exister n'est pas la vie comme simple survie, mais la banalité. D'ailleurs, l'existence se révèle à nous non pas dans la satisfaction liée à l'accomplissement mais dans des affects particuliers : l'angoisse, le sentiment de l'absurde, l'ennui.

c) Je suis donc un existant (y compris dans mon impuissance à parvenir à la vie bonne). Il n'y a pas d'existence sans la découverte d'une contingence radicale et d'un néant. Exister, c'est, par rapport à la massivité d'être des choses, être frappé d'une contingence radicale, et voisiner avec son néant.

L'existence marque une dénaturation de l'homme. L'existant se substitue à l'homme. L'homme cesse d'être un être naturel, un être ayant une nature (lui indiquant une fin et les moyens pour y parvenir), un être raisonnable fini, pour se définir sans genre ni différence par son mode d'être propre, original, la contingence.

III – Infinité et liberté

a) L'exister est alors révolte contre la vie. L'humanité de l'homme apparaît simplement comme un détour et une ruse de la vie pour la vie en général, pour la survie. Nous sommes des jouets de la vie, pour des fins qui sont en vérité les siennes et non les nôtres : puisqu'elles nous sont données, et que nous ne les avons pas absolument choisies. Cela vaut même pour le bonheur.

b) Or je suis donné à moi-même, confié à moi-même, et donc en ce sens abandonné à moi-même. Pour moi, mon sort a donc une importance infinie. Il me faut décider de moi et de mon être dans la contingence la plus radicale. C'est ainsi que se découvre l'existence.

c) Selon l'existence, rien n'est donné. A l'opposé, la vie, c'est ce que je reçois. Il y a donc une passivité qui est le propre du vivant. Au contraire je ne reçois pas l'existence, je la choisis. Ainsi je me choisis voleur ou honnête. Je choisis mon destin, ou, même si je conçois mon destin comme fixé, je choisis au moins la manière de vivre ce destin, le *style* de mon existence.

Conclusion

Même si la différence terminologique n'est pas toujours fixée, l'existence semble différer de la vie en ce qu'elle ne prend pas appui sur une nature, en ce qu'elle me donne à improviser mon être, au lieu qu'il consiste dans l'accomplissement de fins naturellement fixées. L'existence est donc une négation de la naturalité.

Pistes à suivre :

☞ Sur le bien-vivre : Aristote, *Politique*, livre I, chap. 2, éd. Tricot, Vrin.
☞ Sur le fait d'être remis à soi-même : Sartre, *Les Mouches*, *Le Diable et le bon Dieu*.
☞ Sur le choix de l'existence : Platon, *République*, X, « Le mythe D'Er », *Œuvres complètes* I, Pléiade.

Ni le soleil ni la mort ne se peuvent regarder en face

PLAN

Introduction : quel sens peut avoir la métaphore de l'éblouissement ?

I – L'éblouissement de la mort
   a) La mort à venir
   b) Présence et absence
   c) Le face-à-face avec la mort

Transition : comment le vivant aperçoit-il la mort ?

II – La vision indirecte
   a) Ma mort et la mort des autres
   b) La crainte de la mort

Transition : pourquoi ne puis-je fixer la mort ?

III – L'être du néant
   a) La présence de la mort
   b) L'insuffisance de l'épicurisme
   c) Mort et conscience

Conclusion : la conscience comme affirmation d'éternité

Introduction

Dans l'obscurité, toute chose sensible me devient invisible. Toute notre vision se joue dans l'entre-deux, là où ne règnent ni l'extrême obscurité, ni l'extrême lumière. Il y a deux *sens* de l'éblouissement, comme privation momentanée de la vue : l'éblouissement au sens propre, un éblouissement par excès, quand je passe de l'obscurité à la lumière, et un éblouissement à l'envers, par défaut, quand je passe de la lumière à l'ombre : c'est cette dualité qu'illustre Platon dans l'« allégorie de la caverne ».

Le défaut de cette symétrie est qu'elle me laisse croire que le soleil est invisible au même sens que la parfaite obscurité. Or il n'en est rien : parce que le soleil n'est pas proprement *invisible*, et parce qu'il affecte ma vision et son organe si je le regarde directement ; l'éblouissement au sens propre est une douleur et un avertissement. Que le soleil soit éblouissant ne signifie pas qu'il soit invisible, il est ce qui non seulement donne la visibilité mais l'être aux choses sensibles. Au contraire l'obscurité est invisible, parce qu'elle n'est pas « réelle ». Si bien qu'on pourrait dire qu'on ne peut voir la mort en face parce qu'elle est privation de réalité, néant. Le sujet signifierait alors : l'obscurité pas plus que le *néant* ne se peuvent voir. Mais il y a une différence majeure : dans l'obscurité, je suis présent comme voyant, bien que je ne voie rien, faute de lumière ; dans la mort au contraire il semble que ce soit moi qui fasse défaut : c'est moi qui ne suis plus là pour voir.

I – L'éblouissement de la mort

a) Cependant le sujet semble attribuer à la mort non pas l'invisibilité de l'obscur, mais celle du soleil : la mort n'est pas dite invisible, mais impossible à regarder en face. De plus, la mort ne se peut regarder : ce qui implique qu'il y ait une conscience pour faire l'épreuve de cette impossibilité, et donc que la mort soit à venir, imminente, mais pas encore advenue.

b) Comment peut-on rendre raison de cette impossibilité ? S'agit-il d'une impuissance comme dans le cas du soleil ou d'une crainte ? En effet, le soleil m'éblouit parce qu'il est présent. La mort au contraire est éloignée dans le temps : elle n'est pas là. Comment puis-je alors éprouver mon impuissance à regarder ce qui n'est pas présent ?

c) On pourrait penser que nous sommes impuissants à regarder la mort en face parce qu'elle est trop éloignée, et que nous saurons la voir en face au moment même de mourir. Mais la différence n'est pas dans la proximité et la distance. Comme dans le cas du soleil, c'est en elle-même que la mort échappe à une vision de face. Mais il faut donc que d'une certaine manière elle soit en face de moi même alors que je suis vivant.

II – La vision indirecte

a) Si je ne puis regarder la mort en face, quelle vision puis-je en avoir ? De même que je m'apercevais de la présence du soleil par l'intermédiaire des choses sensibles qu'il éclaire et des ombres portées, de même je connais la présence de la mort par celle des autres. Il s'agit donc d'une vision indirecte. Ce n'est donc pas la mort, mais ma propre mort que je ne puis regarder en face. Est-ce parce qu'elle me terrifie ?

b) Si c'est la peur de mourir qui m'empêchait de regarder la mort en face et me la faisait rejeter dans un lointain si indéterminé que c'est à peine si elle semblait être encore la mienne, on pourrait imaginer une discipline qui vise à dissiper la crainte (philosopher, c'est apprendre à mourir). Il s'agirait simplement de s'accoutumer à l'idée de la mort (*memento mori*), de se la rendre familière, donc de se convaincre de sa proximité. Regarder en face a ici le sens de savoir affronter comme l'entend l'expression populaire : « il faut savoir regarder les choses en face ». Mais ce que je regarde alors en face, ce n'est pas la mort elle-même, mais sa nécessité inéluctable

N'est-ce pas cependant d'un autre face-à-face dont il est question ? Si je ne puis regarder le soleil en face parce qu'il m'éblouit, que doit être la mort pour que je ne la puisse regarder en face ?

III – L'être du néant

a) Si la mort n'a pas de réalité, si elle est pur néant, et néant absent, puisque néant à venir, comment peut-elle m'éblouir ? Car être ébloui, ce n'est pas une absence de vision, c'est l'aveuglement dans la vision même. Il faut qu'il y ait quelque chose de présent pour que je sois ébloui. Il semble qu'il faille admettre deux choses : d'une part une réalité de la mort comme du néant, et d'autre part une présence de cette réalité de néant dans la vie même où je la considère, et où pourtant la mort n'est pas encore advenue.

b) Il faut donc dire contre Lucrèce et Épicure que la seule présence de la mort dans la vie n'est pas la crainte, qu'il n'est pas possible, comme ils le croyaient, d'expulser la mort de la vie en chassant la crainte de la mort. La crainte de la mort apparaît comme dérivée par rapport à la présence fondamentale de la mort dans la vie, et même indépendamment de toute menace actuelle sur ma vie.

c) La mort a une réalité de néant. Comparée au soleil, elle serait comme l'écrit Hugo, « cet affreux soleil noir d'où rayonne la nuit ». Elle rayonne l'ombre comme le soleil rayonne la lumière. Pour toute conscience qui la considère, sa vision se transforme en aveuglement. De même que le soleil risque de me détruire, de même la mort est ce que considère la conscience et en quoi elle ne peut plus rien considérer : sa vision s'anéantit.

La mort est destructrice de ma conscience, comme le soleil est destructeur de ma vue ; mais non pas seulement parce que je sais que je mourrai un jour, mais par une sorte d'aveuglement présent, comme si la possibilité même du néant était déjà un néant présent insupportable à la conscience. La conscience est en elle-même sa propre insurrection contre la mort, qui lui est présente dans la vie même.

Conclusion

La difficulté est de concevoir le rapport de la conscience avec son propre néant. La conscience convertit le *futur* de la mort, qui susciterait la crainte, en un présent où elle éprouve en elle-même son anéantissement (d'où la métaphore de l'éblouissement). Mais cela serait impossible si la conscience n'était pas en quelque sorte affirmation d'infinité et d'éternité.

Pistes à suivre :

☞ Sur l'éblouissement : Platon, *République* VII, « L'allégorie de la caverne ».
☞ Sur la crainte de la mort : Lucrèce, *De la nature des choses*, III. Épicure, *Lettre à Ménécée*.

Faut-il vivre comme si nous ne devions jamais mourir ?

PLAN

Introduction : s'agit-il seulement de recommander une illusion ?

I – La pensée de la mort comme devoir de lucidité
   a) L'oubli de notre humaine condition
   b) L'homme de l'immédiat
   c) Mort et avenir

Transition : l'oubli de notre finitude, n'est-ce pas là l'origine du divertissement ?

II – Le divertissement
   a) L'inquiétude de la mort
   b) La mauvaise anticipation

Transition : la mort comme vanité de toute entreprise

III – Un présent sans avenir
   a) L'entreprise
   b) L'illusion et le « comme si »

Conclusion : l'immortalité comme défi

Introduction

Le sujet présente un double paradoxe. D'abord il suggère que je puisse me donner délibérément une règle qui semble impliquer ou bien un refus de savoir, comme si l'on devait vivre en cultivant l'inconscience et l'aveuglement, ou bien, pour le moins, un refus de tenir compte de ce que l'on sait : vivre comme si je ne devais jamais mourir, c'est soit feindre l'ignorance, et mimer une régression vers un état de nature, comme celui où se trouve le sauvage de Rousseau, dont les « projets bornés comme ses vues s'étendent à peine jusqu'à la fin de la journée », soit ériger l'inconséquence en principe, puisque je vis selon ce que je sais être faux. Ensuite, même si je sais que je vais mourir, ma vie ordinaire la plus commune semble manifester que je n'y prends pas garde. Lorsque nous nous lançons dans des entreprises, dont nous ne sommes pas sûrs de voir le terme, lorsque les années futures s'inscrivent dans nos projets, n'agissons-nous pas *spontanément* comme si nous ne devions jamais mourir ? Auquel cas le conseil serait superflu. Ne paraît-il pas plus sensé et raisonnable de rappeler à l'homme sa humaine et mortelle condition : *memento mori*, afin qu'il mette sa vie en accord avec la connaissance qu'il a de la mort à venir ? Mais qu'est-ce alors qu'une vie dirigée par la conscience de la brièveté de la vie ?

I – *La pensée de la mort comme devoir de lucidité*

a) Les Stoïciens nous rappellent qu'il y a un devoir de lucidité : « Vous vivez comme si vous deviez toujours vivre ; jamais vous ne pensez à votre fragilité » (Sénèque, *De brevitate vitae*). Il y a donc comme une contradiction entre la vérité de notre vie et notre manière de la vivre. « C'est en mortels que vous possédez tout, c'est en immortels que vous désirez tout ». Est-ce parce que nous oublions notre condition que nos désirs en deviennent infinis ? Ou est-ce parce que nos désirs et nos projets s'étendent toujours plus avant que nous oublions que nous sommes mortels ?

b) L'homme de l'immédiat, l'homme à l'état de nature de Rousseau, vit dans le pur présent sensible : incapable de se projeter hors de ce présent dans un temps qui n'est pas, il ignore à la fois l'avenir *et* la mort.

c) Le sage au contraire sait que nous sommes mortels, et il connaît l'avenir comme un temps qui ne m'appartient pas. La mort est pour lui comme l'absolu de cette dépossession : non seulement l'avenir ne m'appartient pas, mais ma vie ne m'appartient pas non plus, puisque la mort m'en dépouillera. La mort est donc comme l'horizon de tout avenir. Ainsi, se rappeler que l'on est mortel, c'est cesser de fuir hors du présent, c'est refuser de s'égarer. L'homme ordinaire présente ce paradoxe qu'il vit dans l'avenir sans la mort. En ce sens, oublier que nous sommes mortels, n'est-ce pas l'origine du divertissement ?

II – *Le divertissement*

a) Le divertissement semble traduire l'inquiétude secrète de la mort. L'âme se répand au dehors, s'applique aux choses extérieures ; l'amour des richesses, l'aveugle désirs des honneurs, « c'est la crainte de la mort qui les nourrit » (Lucrèce, *De natura rerum* III). Ainsi toute notre vie se passe non pas tant dans l'indifférence de la mort que dans son refus ou dans un oubli volontaire.

b) Toutefois ne peut-on à l'inverse soutenir que la pensée de la mort paralyse la vie elle-même ? En ce sens il faudrait s'empêcher d'y penser. La représentation de la mort serait alors une mauvaise anticipation qui me plongerait dans la crainte. Est-ce que je ne risque pas de laisser la mort empiéter sur la plénitude du présent ? Mais cette conversion à l'immédiat ne ruine-t-elle pas toute entreprise ?

III – Un présent sans avenir

a) Toute entreprise est un acte par lequel ma vie empiète sur l'avenir. En effet, toute action suppose une médiation, un travail, un effort, une persévérance. Or si la mort est l'horizon et le terme de toute anticipation, si toute anticipation me convertit à la mort en me tournant vers le futur, je ne puis échapper à la perspective de la mort qu'en cessant de me porter au-delà du présent : mais du même coup toute entreprise me devient impossible. Or, si je n'entreprends plus rien, si je refuse de me donner un avenir pour ne pas être déterminé à considérer la limite de cet avenir, peut-on encore dire que je suis *véritablement* vivant ?

b) C'est un double écueil qu'il nous faut éviter : d'une part l'oubli de notre condition, d'autre part le refus de tout avenir. Il s'agit de vivre comme si nous étions immortels, non pas en s'imaginant immortels ; ce n'est pas un éloge de l'illusion : il me faut savoir que je suis mortel, mais mener une vie divine comme si j'étais immortel. Ainsi, toute œuvre d'art, toute grande entreprise a l'éternité comme condition. Il faut donc que je ne me laisse pas déterminer par la condition mortelle, il faut vouloir pour l'éternité.

Conclusion

La mort est certes un événement nécessaire quant à sa réalité, mais elle peut être objet ou non de pensée. Le propre de l'homme semble être d'oublier sa condition finie et limitée. En un premier temps il nous est apparu qu'il convenait plutôt que l'homme sache ce qu'il est, périssable, mais il ne faut pas alors que le présent lui-même soit hanté par la crainte et que plus aucune action ne soit possible. Aussi ne doit-on pas interpréter le *comme si* comme une illusion dans laquelle pourrait se perdre l'homme, mais plutôt comme une exigence de la volonté, la volonté serait capable de défier la loi de la sensibilité.

Pistes à suivre :

☞ Sur l'humaine condition : Sénèque, *De brevitate vitae*. Maupassant, *Bel-Ami*, 1re partie, chap. 6, 7 et 8. Tolstoï, *La Mort d'Ivan Ilitch*.
☞ Sur le divertissement : Pascal, *Pensées*.
☞ Sur la mort et l'entreprise : Proust, *Le Temps retrouvé*.

Quel est le sens de l'expression :
« Il a tout pour être heureux » ?

PLAN

Introduction : le paradoxe d'un bonheur qui fait défaut alors que toutes les conditions du bonheur sont présentes

I – Le relativisme
 a) La naïveté de l'idiosyncrasie
 b) Le scandale

II – La distance
 a) Suffisance et insuffisance
 b) La subjectivité : l'ennui et le dégoût
 c) La conscience désenchantée

III – L'inassignable altérité
 a) Le bonheur au-delà de tout élément
 b) L'absence
 c) L'inquiétude

Conclusion : l'attente et la promesse

Introduction

L'expression semble appeler deux compléments qui en précisent le sens : d'une part, il a tout pour être heureux, *mais il ne l'est pas* ; d'autre part, moi qui parle, *je serais heureux si j'avais ce qu'il a*, car il a tout ce qui *me* rendrait heureux.

Par conséquent, de celui qui a tout pour être heureux on dira à la fois qu'il *est* et *n'est pas* enviable : il est enviable, parce qu'il semble posséder toutes les conditions, tous les éléments du bonheur, il est au contraire à plaindre, parce que *pour lui*, ces éléments et ces conditions semblent privés de toute efficace, parce qu'ils ne *font* pas son bonheur. L'expression renvoie à la fois à un paradoxe (comment peut-on ne pas être heureux si rien ne manque de ce qu'il faut pour l'être ?) et à un scandale (comment fait-il pour ne pas être heureux ?).

I – Le relativisme

a) L'expression peut simplement refléter la naïveté ou la sottise de son auteur, quand il se figure que ce qui ferait son bonheur à lui (et que possède un autre) devrait faire aussi le bonheur de cet autre. Ainsi l'avare ou l'avide ne peuvent comprendre que la richesse ne fasse pas le bonheur du riche, ainsi l'ambitieux ne peut concevoir qu'un homme puisse être las du pouvoir. En ce sens le « tout » que l'autre est supposé posséder représente en vérité l'objet de la passion dominante de celui qui parle ou ce dont il ressent le plus cruellement le manque. Il suffirait alors de répondre : « à chacun son bonheur », et de se satisfaire de ce relativisme.

b) Mais, prise plus radicalement, l'expression doit s'entendre comme si elle pouvait être employée aussi à la première personne : « *j'ai* tout pour être heureux, et pourtant je ne le suis pas ». La question est alors de savoir comment peut s'instaurer une telle *distance* entre les éléments ou conditions du bonheur, ce dont tout homme identifie la présence au bonheur lui-même, et l'être-heureux proprement dit.

II – La distance

a) Tous les désirs sont satisfaits, rien ne reste à désirer. Cet état où rien ne manque, comment ne serait-ce pas le bonheur ? Et pourtant cette parfaite suffisance semble vide et insignifiante : la conscience ne parvient pas à l'éprouver comme bonheur. Celui qui a tout pour être heureux et ne l'est pas est donc comme celui à qui rien ne manque et à qui manque pourtant quelque chose : la plénitude *sentie* de l'état où rien ne manque.

b) La possession et l'habitude engendrent l'ennui. Mais plus encore que de l'ennui, il s'agit d'un dé-goût : non comme répugnance, mais comme absence de goût, insipidité même du bonheur. Je ne suis pas heureux, parce que je ne goûte plus le bonheur que pourtant je possède : ce qui me fait défaut, c'est la capacité gustative elle-même, l'extrême de la subjectivité où toute réalité se convertit en jouissance. Si bien que le bonheur se trouve renvoyé à l'objectivité de ses éléments et de ses conditions, et que sous cette forme il est alors à distance de moi, comme une possession dont je ne pourrais jouir. Ce qui fait défaut ici, c'est la réceptivité même au bonheur.

c) Il est trop commode de dire que je ne suis pas heureux parce que je n'apprécie plus ce que j'aimais auparavant (c'est la forme banale de la satiété). Ce qui est plus intéressant et plus radical, c'est de comprendre comment par exemple un amateur de musique, qui continue de trouver du plaisir aux sonates qu'il écoute, cependant n'y trouve plus son bonheur. Ce n'est pas l'objet qui s'est comme fané par suite d'une longue habitude, c'est le sujet lui-même qui se trouve comme altéré et aliéné en lui-même. Même s'il l'exprime en disant que les *choses* ont perdu de leur lustre, ou, de façon banale, que « ce n'est plus cela », il est clair que le monde, ses couleurs et sa magie ne lui sont dérobés que parce que c'est lui-même qui est dérobé au monde. La conscience ressent amèrement que le monde ne la *captive* plus.

III – L'inassignable altérité

a) Représenté sous la forme d'un *élément* du bonheur, ce bonheur qui me fait défaut alors que je le possède est précisément l'élément inassignable, ce qui manque alors que rien ne manque, ce qui s'est évaporé alors que tout est à l'identique : le *je ne sais quoi* qui est l'être même du bonheur. Notre réflexion nous conduit ainsi à irréaliser le bonheur. Alors que pour la conscience naïve, il était identifié au « tout » de la suffisance, à la présence de tous ses éléments et de toutes ses conditions, nous apprenons désormais que le bonheur est, au-delà de ce tout, le rien lui-même.

b) Il ne s'agirait donc plus d'ajouter au bonheur *quelque chose* qui lui manquerait, pour le compléter et le parfaire, comme un élément dont je n'aurais pas remarqué l'absence, mais de lui ajouter comme l'absence elle-même : « Il n'y a rien de beau que ce qui n'est pas » (*Nouvelle Héloïse*, Œuvres complètes II, p. 693). C'est ainsi que le Marius de Pagnol n'a pas envie d'aller dans un autre lieu (une île exotique), il a envie *d'ailleurs*.

c) Mais, ramené à la subjectivité, le défaut qui m'empêche d'être heureux alors que j'ai tout pour l'être, n'est qu'un défaut de la conscience elle-même, et non de ce qu'elle possède. Ce qui me manque, c'est la présence du bonheur, mais la présence du bonheur est la présence de la conscience elle-même. Ce que nous apprend Leibniz avec l'inquiétude qui « est essentielle à la félicité des créatures, laquelle ne consiste jamais dans une parfaite possession qui les rendrait insensibles et comme stupides » (*Nouveaux Essais*, II, 21). L'inquiétude est comme l'effectivité même de la conscience, et c'est celle-ci qui est la couleur et la saveur du monde.

Conclusion

La conscience découvre que *pour elle* le bonheur est une plénitude qui doit encore comprendre l'attente et la promesse.

Pistes à suivre :
- Sur le désir : Rousseau, *Nouvelle Héloïse*, *Œuvres complètes* II.
- Sur l'inquiétude : Leibniz, *Nouveaux Essais*, II, 20, Garnier-Flammarion.

Philosopher, est-ce apprendre à mourir ?

PLAN

Introduction : la vie soumise à une mort à venir

I – Le détachement

a) Savoir de la mort et pensée de la mort
b) L'exercice du détachement
c) L'affirmation de la vie vraie

Transition : la préparation à la délivrance

II – Mourir au sensible

a) L'indépendance de l'âme
b) Corps et vérité
c) La vie intelligible

Transition : la vérité éternelle et le modèle divin

III – Éternité et immortalité

a) De la vérité éternelle à l'immortalité de l'âme
b) La fulguration d'éternité

Conclusion : apprendre à mourir, n'est-ce pas pour le philosophe se convaincre de l'irréalité de la mort ?

Introduction

Ce qui fait le paradoxe du sujet, c'est que la mort est l'événement unique qui termine mon existence. Ceci soulève deux difficultés : comment peut-on apprendre à mourir ? Le forgeron peut apprendre à forger par la répétition des gestes du forgeron. Apparemment, on ne peut pas s'exercer à mourir, puisque l'on ne meurt qu'une fois. Par ailleurs, ce serait subordonner toute une vie au dernier instant de la vie, sacrifier donc la vie au terme de la vie et à sa négation. La philosophie ne serait pas la recherche de la vérité, du bien-vivre, de la vie droite, mais une préparation de la conscience à sa propre disparition.

I – Le détachement

a) Savoir que l'on va mourir n'est pas apprendre à mourir. Cependant, comme la seule présence de la mort dans la vie semble se réduire à ce savoir, puisque je n'expérimente pas la mort dans la vie, apprendre à mourir ne peut consister qu'en la méditation constante de ce savoir. Il ne s'agit pas seulement de savoir qu'on va mourir mais de penser sans cesse à la mort. C'est à la lumière de ce savoir de la mort que les souffrances, les deuils, les maladies éprouvées dans la vie, peuvent apparaître comme autant d'épreuves anticipées de la mort elle-même.

b) La pensée de la mort me persuade que rien ne m'appartient de ce que je croyais m'appartenir. Outre les biens sensibles, fortune, honneur, qui peuvent déjà m'être ôtés *dans* la vie, la vie même dans laquelle j'en jouissais ne m'appartient pas davantage. Autrement dit, la pensée de la mort est le remède contre tout attachement au sensible et à l'extériorité. Les Stoïciens nous recommandent ainsi de considérer notre vie même comme un bien qu'il faudra restituer.

c) Mais ainsi, selon les Stoïciens, j'apprends à placer mon bien dans ce qui véritablement m'appartient et ne peut m'être ôté, c'est-à-dire ma liberté. Mais alors, philosopher n'est pas apprendre à mourir, mais apprendre à *utiliser* la pensée de la mort comme moyen pour me libérer de tous les faux attachements. L'essentiel est alors de placer mon bien en ce qui dépend de moi.

La mort n'est plus un événement ultime, mais un exercice coextensif à ma vie sensible. En ce sens, la mort paraît bien être l'accomplissement de la vie, de même que l'évasion du prisonnier est l'aboutissement de longs préparatifs. Si l'âme est prisonnière du corps, toute la vie ne doit être qu'une longue entreprise d'évasion. Mais à quoi veut donc échapper l'âme ?

II – Mourir au sensible

a) Mais que veut dire précisément mourir au sensible ? C'est s'habituer dès cette vie à faire mener à l'âme une vie indépendante. « Mourir au sensible, c'est une purification qui consiste à séparer le plus possible l'âme du corps, à l'habituer à vivre en elle-même et pour elle-même. Tel est le souci des philosophes : délier et séparer l'âme du corps. » (Platon, *Phédon*, 67 c-d). Il serait inconvenant au philosophe de s'irriter contre la mort puisqu'il a passé sa vie à isoler l'âme de son commerce avec le corps. Mais pourquoi isoler l'âme du corps ? Pour avoir rapport à la vérité.

b) **Le corps comme obstacle** : le corps fait obstacle à la connaissance de la vérité : « aussi longtemps que nous aurons notre corps, et que notre âme sera pétrie avec cette chose mauvaise, jamais nous ne posséderons suffisamment l'objet de notre désir », le vrai (66-d). Il faut donc donner à la mort un sens beaucoup plus général que le simple terme de la vie, mais celui d'une indépendance et d'une activité autonome de l'âme, si bien que je puis mourir dès cette vie, en cette vie même. De plus, ce n'est pas la mort même qui est la fin recherchée mais la vérité, de même que l'évasion n'est que le moyen de la liberté, et non l'inverse.

c) Mais si mourir au sensible, c'est, pour l'âme, se rendre autant que possible semblable au modèle éternel et divin, mourir au sensible c'est confirmer l'âme dans son immortalité ; c'est donc mourir à ce qu'il y a de mortel en nous. Apprendre à mourir, c'est apprendre que la réalité de la mort est délivrance. Ici encore, c'est la vie qui semble être l'objet même de la philosophie, mais une vie délivrée du sensible, la vie même de l'intelligence, la proximité de l'âme avec la vérité.

III – *Éternité et immortalité*

a) Il a fallu établir un lien entre l'activité de penser par laquelle l'âme saisit la vérité, et une existence substantielle, c'est-à-dire une immortalité de l'âme comme subsistance après la mort. S'effectue une sorte de passage naturel entre connaître le vrai comme intelligible (non sensible, non soumis au temps) et être soi-même comme sujet connaissant, intelligible ou apparenté à une réalité intelligible. Cela renvoie à l'argument selon lequel le semblable est connu par le semblable. En un autre langage, il semble inconcevable qu'un être purement temporel et périssable puisse soutenir, porter le poids de l'affirmation d'une vérité éternelle.

b) La question est alors de savoir s'il ne s'opère pas une confusion entre le fait que l'entendement se rende en quelque sorte adéquat à l'éternité en connaissant les choses sous « une certaine lumière d'éternité » (*sub specie aeternitatis* : Spinoza, *Éthique* V), ou encore entre le fait que l'intelligence dans la contemplation du divin me fasse mener par instants « une vie plus qu'humaine » (Aristote, *Éthique à Nicomaque*, X) et une durée au-delà de la mort conçue comme terme de la vie dans le temps. La participation à l'éternité serait dans l'instant sans qu'il faille parler d'immortalité. Ce serait une « fulguration » d'éternité, qui ne me donne pas pour autant l'immortalité comme persistance d'une substance spirituelle. Mais en ce sens, il ne s'agit plus d'apprendre à mourir, la vie ne se soucie plus de son terme mais de sa simple affirmation dans un présent qui se suffit à lui-même.

Conclusion

On a vu que la mort pouvait se prendre en deux sens. Ou bien, elle est conçue comme l'événement unique qui marque le terme d'une vie, et l'on ne saurait alors apprendre à mourir. Mais si la mort renvoie à tout ce qui dans notre vie même est pure extériorité, à tout ce qui est périssable et qui nous éloigne du vrai, alors apprendre à mourir c'est pouvoir se rendre en quelque sorte immortel, ou s'approcher de l'immuable et de l'éternel. La philosophie, en nous faisant rechercher le vrai, l'impérissable, nous éloigne bien de la vie sensible. Elle nous apprend à mourir en *déréalisant* la mort. Ce n'est donc pas comme consolation ou résignation que la philosophie nous apprend à mourir.

Pistes à suivre :

☛ Sur l'immortalité de l'âme et le désir d'immortalité : Platon, le *Phédon*, le *Banquet*.
☛ Sur l'éternité : Spinoza, *Éthique*, V. Voir aussi Aristote, *Éthique à Nicomaque*, X. Parmi les Stoïciens : Épictète, le *Manuel*.

Glossaire

ACCIDENT : ce qui survient à une chose de l'extérieur ; ainsi, la maladie, ou le fait d'être assis pour Socrate.

CONTINGENCE : est contingent ce qui peut être autrement qu'il n'est. Au contingent s'oppose le nécessaire, ce qui ne peut pas ne pas être ou être autrement qu'il n'est.

DÉRÉLICTION : le fait d'être abandonné à soi-même, de n'être pas sous la garde d'un autre.

ESSENCE : renvoie à ce qui est inséparable de l'être d'une chose ou d'un étant quelconque. L'essence est ce en quoi consiste la vérité la plus intime. Ainsi, tout ce qui appartient à l'essence d'une chose peut être énoncé véritablement et nécessairement de cette chose.

ÉTERNITÉ : n'est pas une durée ni une permanence, mais un présent sans passé ni avenir. Est éternel ou a le statut d'éternel tout ce qui dérive de l'essence.

IMPÉRATIF : s'exprime par le commandement : « tu dois ». Kant distingue trois impératifs : l'impératif de l'habileté ou impératif hypothétique : si tu veux, tu dois ; l'impératif de la prudence ou impératif assertorique : tu veux (le bonheur) donc tu dois, et l'impératif catégorique ou apodictiquement pratique : tu dois absolument, sans présupposer une fin et sans condition.

SCISSIPARITÉ : le fait pour un être unicellulaire de se reproduire par simple division ou duplication.

SOUVERAIN BIEN : objet total et complet de la raison pure chez Kant. Réunit en lui ce qui correspond aux différents sens du terme « bon » chez Kant : à la fois ce qui est bon moralement ou absolument bon mais également ce qui est bon au sens du bonheur c'est-à-dire de la fin d'un être sensible.

Index

Aliénation 25
Amour-propre 20
Angoisse 12, 15, 48
Argument ontologique 8
Aristote 7, 17, 31, 36, 37, 47, 49, 62, 63
Banalité 11, 48
Bien-vivre 17, 31, 46, 47, 49, 60
Descartes 5, 6, 7, 8
Désir 15, 22, 23, 24, 28, 32, 40, 41, 42, 43, 55, 58, 59, 62, 63
Envie 20, 21, 22, 23, 25, 27, 28, 38, 59
Essence 7, 8, 9, 10, 11, 12, 17, 29, 48, 64
Éternité 11, 17, 50, 53, 56, 60, 62, 63, 64
Existence contingente 7, 11, 12, 48, 49
Existence nécessaire 7, 8, 9, 17, 64
Extériorité 6, 8, 9, 10, 14, 20, 21, 23, 32, 61, 63
Grimaldi 28
Heidegger 15
Idéal de l'imagination 25
Immortalité 16, 17, 18, 54, 60, 62, 63
Kant 8, 16, 17, 27, 29, 32, 38, 39, 47, 64
Leibniz 9, 10, 12, 13, 16, 59
Liberté 10, 12, 13, 17, 46, 48, 61, 62
Mythe d'Er 17, 49
Pascal 17, 56
Plaisir 10, 13, 14, 15, 21, 22, 23, 25, 26, 37, 40, 42, 43, 58
Proust 11, 56
Rousseau 20, 23, 40, 41, 54, 55, 59
Solitude 12, 13
Utopie 31, 32